아름다운 도둑님

김은자 산문집

도서출판 상상인

아름다운 도둑님

| 작가의 말 |

 글을 쓰는 나는 속이 늘 시끄럽다. 겉으로는 온화한 척해도 속은 늘 전복을 꿈꾼다. 산문 쓰기는 자신에게 끊임없이 말을 거는 행위와 같다. 불화하고 논쟁하면서 나와 화해를 이루어 밖과 소통하고 물들어 가는 것이다.

 첫애를 낳고 출산의 고통이 두려워 다시는 아이를 낳지 않겠다고 결심했지만 2년이 지나 나는 둘째 아이를 출산했다. 아이로부터 얻는 행복이 임신과 출산으로 인한 고통보다 몇 배 크고 소중했다.

 십여 년 전 첫 산문집 『슬픔은 발끝부터 물들어 온다』를 발간하면서 산문 쓰기의 고통과 외로움을 끝내자고 생각했다. 첫 번째 산문집이 독자들에게 과도한 사랑을 받았음에도 해외에서 책을 발간하며 느껴지는 쓸쓸하고 외로운 느낌이 나를 힘들게 했다. 사십여 년 변방에 살면서도 글쓰기는 나에게 생을 지탱해 주는 숨쉬기였다. 그러나 나에게 산문집 출간은 무리에 끼지 못하고 멀어진 경계인임을 확인하는 과정이었다. 깊게 숨을 고른 후 마음을 여러 번 다잡는 일이었다.

나는 시를 쓸 때 행복해지고 산문을 쓸 때 고독해진다. '그대를 사랑하면 할수록 이렇게 외로워지는 건 그대를 향한 나의 사랑이 너무도 깊은 까닭'이라는 유행가 가사가 있다. 산문을 연모하기 때문에 느껴지는 지독한 고독을 어찌 사랑하지 않을 수 있을까? 산문은 나의 체험과 사유의 길목에서 가장 구석에 숨겨진 연인이다.

두 번째 산문집 『아름다운 도둑님』을 부끄러운 마음으로 세상에 내놓는다. 나의 모든 산문은 나를 향한 고발이며 시발점이다. 분열하고 화해하면서 내뿜는 냄새와 소리가 독자들의 공감과 위로가 되길 바란다. 오랜 시간 신문 칼럼으로 연재했던 작품들과 쓰지 않고는 견딜 수 없어 써 내려간 작품들을 모아 세상에 내보낸다. 많은 이들의 마음을 훔치는 아름다운 도둑님이 되기를 바란다.

2025년 쏟아지는 봄, 뉴저지 에머슨에서 김은자

| 추천사 |

지혜의 연대

어릴 때 외국인을 처음 만났을 때 놀라웠습니다. 그는 나무도 풀이라고 했고 노을도 풀이라고 불렀습니다. 원더풀! 뷰티풀! 그는 그의 말을 했고 나는 나의 귀로 들었습니다.

몇 년 전에는 한글을 배우는 외국 사람들에게 개구리 울음소리 들려준 뒤, 들리는 대로 발음해 보라고 한 적이 있습니다. 다들 본국에서 익힌 개구리울음으로 말했습니다. '개굴개굴'이란 의성어로 통일할 수가 없었습니다. 각자의 모국어는 끝까지 살아남아서 세상을 읽습니다.

김은자는 오래도록 미국에 살며 한국어로 시와 산문을 쓰고 방송을 진행합니다. 그의 언어 속 생명들은 한국어로 정담을 나눕니다. 한국어의 아름다움을 지키는 것을 넘어 예술의 깊은 경지를 성취해 냅니다. 김은자가 〈아리랑〉을 부르면 지구 반대편에서 여행 온 낮달이며 태양도 따라 부릅니다. 김은자의 글에는 모국어로 부르는 우주의 합창이 있습니다.

김은자는 이 책의 머리말에서 "나는 시를 쓸 때 행복해지고 산문을 쓸 때 고독해진다. 산문은 나의 체험과 사유의 길목에서 가장 구석에 숨겨진 연인이다."라고 씁니다. 그리하여, 그의 문장은 두텁고 깊습니다. "높은 지붕 위에서 벽돌을 한 사람이 던지면 한 사람이 허리를 돌려서 받아내는 모습이 새 같기도 하고 춤 같기도 해 입을 벌린 채 한참을 보고 있는데 순식간에 눈 속으로 굵은 벽돌 가루가 떨어졌다. 짧은 시간에 벌어진 일이라 눈을 뜨지도 못하고 허둥대고 있는데 아버지가 나타났다. 아버지는 어린 나의 손을 뒤로 젖힌 후 당신의 혀를 눈 속으로 밀어 넣으셨다. 내 눈 속 이물질이 아버지의 부드러운 혀에 씻겨 나갔다. 그날 이후 나는 세상을 맑고 따뜻한 눈으로 볼 수 있게 되었다. 길을 잃거나 세상이 깜깜한 날이면 아버지의 삶을 떠올린다. 아버지는 지금도 불을 밝히고 내 곁에 서 있다.(「등대가 있는 마을」 부분) 그의 산문집 아무 곳에서나 한 문장을 옮겼습니다. 그는 독자에게 이해와 감동을 강요하지 않습니다. 포대기처럼 감성의 아기를 폭 감싸 안습니다. 귓바퀴에 꽂은 목수의 연필처럼 인생 설계도를 그려서 독자에게 나눠줍니다. 그의 글은 '지성의 깊이'를 끌어올려, '지혜의 연대'를 선물합니다.

  물을 뜨면 파문의 동심원이 생깁니다. 파문이 나중입니다. 반대로 문장은 파문이 일어난 뒤에 씁니다. 파문이 먼저입니다. 김은자의 시적 문장은 우리 가슴이 본디 옹달샘이었다는 걸 알려줍니다. 파문이 징징 맴놀이 칩니다. 감동의 물결이 퍼집니다. 독자의 눈물샘과 작가의 시샘에 파문이 일어납니다. 저는 같은 작가로서 자꾸만 시샘이 출렁입니다. _이정록 시인

| 차례 |

작가의 말 _4

추천사 _6

1부 조금씩 미쳐가는 시계를 위하여

만흘히 여김에 대한 반성문 _14

타들어 가는 것들은 바람 소리를 닮았다 _18

사전에서 '곶' 찾기 _21

새들의 행간 _27

조금씩 미쳐가는 시계를 위하여 _33

가지 꽃 수업 _37

도끼 사용 설명서 _42

등대가 있는 마을 _47

기차가 지나가는 동안 _53

아름다운 도둑님 _58

낙엽은 마법처럼 _61

벽 너머의 글 _65

2부 바람이 지나고 간 자리 위에 일어난 여름꽃

그래島 _70
벗어던진 것들에게 _74
사유하는 나무 _76
거짓말보다 무서운 오독 _79
소생과 소멸의 이중구조 _82
산을 통독한 길 _85
무인武人의 입을 가진 문인文人 _88
쇠젓가락의 힘 _91
뜻을 세우다 _95
은은예찬隱隱禮讚 _98
이기적인 발문跋文 _101
The Mother Road _104
망각을 휘저으며 _108

3부   내 생애 가장 절절한 절규 엄마라는 이름

보석 나무 _114
대신해 준 효도 _120
바가지 _124
어떤 풍경 _127
엄마의 분첩 _130
첫 번째 가출 _136
어머니 기일에 _141
엄마가 아프다 _145
외투의 혼 _148
지금쯤 너도 나처럼 _151
발뒤꿈치를 따라서 _156
다섯 그루의 나무 _158
나를 있게 한 소설 속의 주인공 _166

4부 슬로우모션으로 꽃을 읽다

외로움을 찾습니다 _172

틈이라는 은유 _175

잘나가는 당신에게 _181

나이 값 _185

목마와 숙녀 그리고 가을 _188

뿌리에 넘어지다 _192

겸손한 등단 _197

완장, 그 참을 수 없는 가벼움 _200

친구 _205

뭉뚱그려 말할 때 나는 슬프다 _209

껍데기를 위한 건배 _213

오늘 지어야 할 집 _216

1부

조금씩 미쳐가는 시계를 위하여

만홀히 여김에 대한 반성문

 알 것 같다. 잡초가 왜 독을 품는지를 왜 순식간에 몸을 바꾸어 복수의 화신으로 돌변하는지를. 가볍게 여긴 것이다. 나는 지금 그 대가를 치르고 있다. 독풀 몸살을 톡톡히 앓고 있는 중이다. 스치는 둥 마는 둥 했을 뿐인데 벌써 한 주째 열병에서 헤어 나오지 못한 채 사경을 헤매고 있다. 목숨을 볼모로 삼은 것이 얼마나 독한 일이었던가?

 포이즌 아이비 독성 풀을 발견한 것은 지난 주말이다. 햇살이 유독 눈부신 날이었다. 꽃밭을 들여다보니 세 개의 잎을 가진 삼엽초가 꽃그늘에서 숨바꼭질을 하고 있었다. 보일락 말락 숨어있는 삼엽초가 독풀이라는 것을 알고 있어 거세를 시작했다. 뿌리는 생각보다 넓고 깊게 퍼져 있었다. 독초가 있는 화단에 물을 주었다. 비닐장갑을 끼고 꽃잎인 척 숨어 핀 독초의 줄기 하나를 조심스레 말아 올렸다. 곁뿌리들이 줄지어 뽑혀 나왔다. 딸려 나오는 독초의 뿌리를 보니 제거하고픈 욕망이 불타올랐다. 없애버리고 싶은 욕심에 잎이 팔뚝에 스친 것을 몰랐다. 고 작은 것들이 무서운 맹독을 품은 줄 알았더라면 그토록 겁 없이 씨를 말리려 하지 않았을 것이다. 하찮게 본 것이 죄다. 고까짓 것들이, 이빨 자국 하나 남기지 않고 그토록 세게 인간의 팔뚝을 물어뜯고 달아날 줄 알았을까? 풀때기를 얕본 죄의 대가는 컸다.

풀의 혈서를 읽은 것은 다음 날이다. 하루가 지나자 크고 작은 물집들이 하나둘 팔뚝 안쪽으로 올라오기 시작했다. 머루알같이 작은 뾰루지들이 조금씩 부풀어 오르며 물집과 물집이 통합 내지는 분리하며 커 갔다. 급기야는 동전만큼 큰 물집으로 변해 한여름 뜨거운 지붕을 팔뚝 위에 쌓아 올린 것처럼 부풀어 올랐다. '이것쯤이야' 했는데 아니었다. 나는 그때까지 콧방귀 뀌며 벌레에게 물리면 바르는 분홍색 약을 바르는 둥 마는 둥 했다. 시간이 지날수록 진물이 터지며 번져나갔다. 진물이 빠진 자리에 다시 진물이 차오르고 피부가 딱딱하게 변해갔다. 인간이여 질긴 인간이여, 그리도 겁 없이 달려들어 생명을 송두리째 제 멋대로 난도질해 놓고 만홀히 여겼으니 그 우매함을 누구에게 호소할까? 며칠이 지나면서 반대편 팔뚝으로도 붉은 반점이 옮아갔다. 왼쪽 팔은 독초를 뽑는 데 사용하지도 않았던 팔인데 밤새 악몽 같은 간지럼증으로 시달렸다. 옆구리에도 다리에도 분노 같은 물집이 여기저기 솟구쳐 올랐다. 긁으면 진물이 터지고 피가 흘렀다.

 가시 하나 없는 작고 순해 보이는 줄기가, 꽃 하나 없고 매끈한 초록 이파리가 왜 독을 품은 것일까? 알고 있었던 것이다. 꽃 한 번 피우지 못하는 하잘것없는 저들의 인생을 누군가는 아무것도 아닌 것처럼 모가지를 비틀어 대고 누군가는 뽑아 던져 버릴 것을. 그들은 먼저 시비 걸지 않았다. 다른 식물에 숨어 숨죽이며 세상을 바라보고 있었을 뿐이다. 세상 사람들에게는 독성 식물의 존재 자체가 도전이지만 분명한 것은 풀은 세상을 먼저 물지 않았다는 것이다. 그 모든 것은 내가 먼저 목을 비틀었기 때문에 벌어진 일이다. 여기는 네가 있어서는 안 된다고 솎아내는 팔을 풀은 죽을 힘을 다해 물어버렸다. 알아 모셔야 했다. 사려 깊게 처신했어야 했다. 자신의 생명을 발톱의 때만큼도 여기지 않는 인간 세상에 저항하는 독풀들이 무엇이 두려울까?

얼마 후 나는 정원 꽃밭이 궁금했다. 소리 없이 베이고 소리 없이 죽어간 풀들은 어떻게 지내고 있을까 확인하고 싶었다. 독초가 제거된 듯하여 안심하며 고개를 돌리려고 하는데 한창 보랏빛 꽃들을 게워 내고 있는 난초 이파리 그늘 낮게 포이즌 아이비 작은 잎 하나가 눈에 띄었다. 죽지 않았다. 그대로 물러날 순 없었을 것이리니 그렇게 눈감을 수는 없었으리니 함부로 솎아내지 마라. 민초는 죽지 않는다.

타들어 가는 것들은 바람 소리를 닮았다

　장작이 타는 모습을 지켜볼 때가 있다. 머리를 텅 비운 채로 아무 생각 없이 타오르는 불을 바라보는 것을 불멍이라 했던가? 장작의 불은 수천 개의 모양을 그리며 따뜻한 온기를 뿜어낸다. 빨려 들어가듯 불을 바라본다. 불멍의 끝은 그리움인가? 타는 장작을 오래 바라보면 눈물이 난다. 오래 만나지 못한 사람, 만날 수 없는 사람들의 얼굴이 그려진다. 탁탁 소리를 내며 타오르는 장작불 속에 과거와 미래가 뒤섞이며 그리움은 절정에 이른다. 장작이 그려내는 불의 선율은 나무였던 기억을 잊지 못해 온몸으로 춤을 춘다. 머릿속이 그리움으로 꽉 차오른다. 온기를 뿜어내는 나무에 찬 손을 쪼인다. 그리움을 만난다. 가지 끝에 연둣빛 여릿여릿한 잎을 틔우고 태양과 바람과 새들의 정거장이었던 나무의 쉼터가 또 다른 생을 향해 넘어간다.

겨우내 나무는 맨살로 추위를 이겨냈다. 누구도 벌거벗은 나무를 주시하지 않았다. 왜 맨몸으로 서 있는지 왜 움직이지 않는지 겨울과 침묵에 귀 기울이지 않아도 봄은 왔다. 나무가 장작이 되어 타오르고 싶어 하는 그 순간이 우리에게는 진정으로 나무를 만나는 시간이다. 온기를 쪼이며 열기에 몸을 녹인다. 한 생이 혈액처럼 흐른다.

말을 시작하는 나무는 타닥타닥- 모래 위를 걷는 낙타의 발자국 소리 같기도 하고 양철 지붕 위에 떨어지는 빗방울 소리 같기도 하다. 불똥은 누구를 향한 연민일까? 무엇을 위한 분노일까? 부서지고 튀어 오르며 변형되는 몸짓에 나는 얼굴을 찡그리면서도 바라본다. 몸부림은 마지막까지 따뜻하다. 가끔은 견딜 수 없다는 듯 불의 파편이 마루 위로 튀면 마루 위에 유언 같은 문신이 생긴다.

장작 타는 소리는 울음이다. 지지직 지지직- 채 눈물이 마르지 않은 눈물이 여름의 소나기를 잊지 않고 젖은 불씨가 되었다. 나무였던 기억을 잊지 못해 이름을 부르는 통한의 그리움. 장작 타는 소리와 비의 조우는 마지막 순간에 이루어진다. 여름 더위가 뿌려주는 비를 맞으며 나무는 무슨 생각을 했을까? 더운 대지를 내리꽂던 비를 잊지 못했나 보다. 생명을 위한 뜨거운 갈구 같은 마중물이 지상에서 마지막처럼 부스럭댄다. 재가 되기까지 움켜쥐고 타는 것을 보니 오래 참은 눈물이다.

타들어 가는 소리는 바람 소리를 닮았다. 쉬익쉬익- 바람이 가지를 흔들 때 저와 같은 소리로 울었을까? 사람들은 바람이라고 생각했지만 울음이었던 것 눈물 하나까지 토해낸 것이다. 기억을 온기로 갚아줄 수 있다면 얼마나 아름다운 재회인가? 불이 꺼지면 하얀 재로 남는 것, 앞만 보고 달려온 우리 인생도 언젠가는 저렇듯 하얗게 사라질 것이다.

마지막 남은 숨을 내뱉은 나무가 누워있다. 불꽃의 내재율이 음악처럼 흐른다. 공수래공수거가 인생사만은 아니다. 불씨 하나가 온기를 나눠주고 떠나간다. 몇 개의 나무는 형태만 남아 가지런히 식어간다. 더 이상 태울 것이 없어지면 조용해질 것이다. 하얀 고요만이 남을 것이다.

사전에서 '곶' 찾기

 '곶'은 발음 하나로는 혼동하기 쉬운 단어다. 장소를 의미하는 '곳'으로 들으면 문맥이 이어지지 않고, 지체 없이 곧바로란 뜻의 '곧'이라고 받아들이면 'ㄷ' 받침이 달라 쉬운 듯하지만 오해하기 쉬운 낱말이다. '곶'을 정식으로 사전에서 찾아본 것은 대한민국에서 가장 먼저 해가 뜨는 곳이 울산 '간절곶'이라는 기사를 읽은 후다. 사전을 찾아보기 전까지 '곶'은 나에게 마을 이름 말미에 붙는 어미 같은 존재였다. '곧' 같기도 하고 '곳' 같기도 하고 '꽃' 같기도 한 아니, '곡串'이 잘못 쓰인 것은 아닐까 싶기도 한 '곳'도 아니고 '곧'도 아니고 '꽃'도 아닌 단어가 '곶'이다.

 사전은 곶을 '바다 또는 호수 쪽으로 튀어나온 모양을 한 육지로, 3면이 물로 둘러싸인 땅'이라고 풀이했다. 곶 중에서도 규모가 큰 곶은 반도라고 했다. 어원사적으로 보면 곶은 돌출을 의미하며 '곧'에서 변했다고 적혀있다. 지도에서 보면 뿔의 모양을 닮은 곶의 지형은 마치 한 마리 거대한 새가 바다 위를 날아가는 것 같기도 하고 표효하는 짐승의 뿔이 바다를 향해 불뚝 튀어나온 것 같기도 하다. 뿔이 무엇인가? 발굽을 가진 포유동물의 머리에 튀어나온 무기가 아닌가? 뿔은 단단하고 수려할수록 공격과 방어에 능해 위험에서 건져주는 도구다. 누군가에게는 생명을 지켜주는 수호신이다.

나의 조국 한반도는 지형적으로 단단하고 수려한 뿔을 지니고 있다. 바다를 향해 난 뿔은 용맹스럽고 우직하며 거룩하기까지 하다. 일제가 자국 우월주의에서 조선을 멸시하고 차별하기 위하여 반도라 불렀다는 이야기도 있지만 곶이란 말은 예로부터 우리 선조들이 자주 쓰던 말이다. 승정원일기에는 반도라는 단어가 없고 곶이란 말이 2,428회 기록되어 있다고 한다. 제주도 옛 방언에도 곶이 있는데 숲을 의미한다. 숲도 작은 숲이 아닌 산 위의 천연림 같은 큰 숲을 일컫는 말이라는데 숲을 곶으로 표현한 우리말 사투리에 잔잔한 감동이 인다. 곶과 반도는 같은 말이라고 하는데 반도와 우리말 곶이 주는 느낌이 사뭇 다름은 무엇 때문일까?

벼랑을 따라 올라오는 바람의 속삭임, 벼랑 위에서 흰 도

포자락을 휘날리며 바다를 호령하는 위풍당당한 선조들을 그려본다. 심장이 뛴다. 가슴 저 밑바닥부터 올라오는 뜨거운 것들이 꿈틀거리며 속을 채워주는 신비한 힘이 몸 안을 가득 채우며 스며든다. 곶은 등대를 세우기 가장 좋은 곳이다. 이어주고 밝혀주고 이끌어가기에 알맞은 곳이라는 말이다.

나의 고향은 '곶'이다. 나는 한반도에서 태어났으므로 곶에서 태어난 것이다. 땅이 바다를 향해 손을 내밀면서도 범람하거나 침범하지 않는 땅, 침략도 없고 빼앗김도 용납하지 않는 물의 끝이기도 하고 뭍의 시작이기도 한 곳이 나의 조국이다. 물결은 청어의 비늘을 닮아 푸르게 출렁이고 파도가 육지를 때려도 침식하지 않는 땅, 바다로 돌출된 뭍의 끝에는 육지를 지키는 우직한 입술을 닮은 수평선이 있는 곳. 아침이면 수평선 위로 웅장한 해가 떠오르는 곳이 나의 조국 '곶#'이다.

나의 조국 '곶'은 거센 바람에도 '품다'라는 동사를 품고 있다. 암탉이 알을 품듯이 엄마가 아기를 품듯이 물을 품고 육지를 품고 바람을 품고 사람을 품은 땅이 내가 태어나고 자란 곳, 곧, 곶이다. 품었다는 말은 뭉친다는 말이므로 나의 민족은 합하는 민족이다. 무너지지 않는다. 퇴적이 돌출로 시작되고 도착이 출발이 된 나의 집, 나의 어머니가 묻혀 있는 곳은 먼 이방 나라에 사는 나에게 시작이요 마지막이다. 태양의 정기를 빨아들여 가장 끝인 것으로 가장 처음을 만드는 전화위복의 땅, 활처럼 잡아당겨도 휘어지거나 무너지지 않는 온새미로 땅이 내 고향 곶이다.

'곶'의 언어는 곡선이다. 구불구불한 해안선이 예리하게 할퀴는 파도를 둥글게 말아 쥐고 단단한 바위 틈새로 푸른 물줄기를 유유히 흘려보내며 암석과 암석 사이에 길을 내는 것을 보아라. 물살은 곶을 지나며 힘을 모아 더 넓은 바다를 향해 힘차게 퍼져 나간다. 가장 순한 것으로 가장 단단한 것들을 길어 올린다. 작은 소리마저 품어 잠재우는 곳, 직선으로 몰아치는 바람을 휘감아 부드러운 곡선을 만드는 길이 있는 곳이다. 은유가 충만한 곶인_{串ㅅ}은 문화로 세계를 뒤덮어 뒤흔들고 연속 함수처럼 깨어져도 다시 일어나며 지구 끝까지 이어진다.

곶답게 살리라. 머리와 가슴, 감성과 이성, 부드러움과 강인함을 동시에 지녀 곡선으로 이겨내는 무한한 가능성으로 풍파 많은 이방에서 풍파의 힘으로 이기리라. 어려움을 에두르고 굴곡의 힘을 길어 올리는 곶 사람으로 살리라. 뭍과 바다가 만나 넓게 퍼지는 아름다운 소용돌이여, 머리와 가숨이 부딪친다. 융합하지만 머무르지 않고 망망대해 바다를 향하리라. 후미진 구석이 바다로 돌출하여 길을 만든 것처럼 변방에서도 시간을 이겨내고 희망의 골목을 향해 돛을 올리리라. 바다와 육지의 경계인, 희망과 절망의 절충인, 다툼과 부조리의 완충인으로 온화하면서도 냉철한 곶 사람으로 살리라.

곶에서는 물살이 잘게 부서지면서도 바위를 돌아 다시 손잡고 큰 바다를 향한다. 곶 사람들은 육지와 바다의 경계에서도 경계에 머무르지 않는다. 해돋이와 해넘이가 아름다운 부락, 아침저녁으로 붉은 기운의 정기를 받은 물로 밥을 짓는 곳, 한쪽이 패이면 한쪽이 튀어나와 균형을 맞출 줄 아는 유연한 평형의 나라가 나의 고향 곶이다. 곶 사람들은 덮치는 파도를 뚫고 바위를 지나는 힘찬 물결처럼 세계 곳곳에 흩어져 'K'의 힘을 보여준다. 거센 풍랑 한가운데 등대를 품은 민족이므로 폭풍 속에서도 뜻을 잃지 않는다. 바다를 향해 돌출된 땅에서 뿜어져 나온 기세로 어려움을 능히 이기리니 곶의 힘은 범접할 수 없는 위엄이다.

곶을 소리 내어본다. 곶… 곧 따뜻해진다. 봄이면 진달래가 지천으로 피어나는 마을, 소망 길이 있고 소망 우체국이 있는 나의 조국 곶을 향해 소식을 전하고 싶다. 간절한 사람들이 모여 사는 곳을 향해 축복의 편지를 보내고 싶다. 우리의 조상은 진정한 곶 사람들이었다. 아침이면 그물을 어깨에 메고 수평선 너머 고기잡이 나가고 저녁이면 비늘을 털고 돌아와 그물을 씻으며 소소한 행복을 나누며 살았다. 정기가 충만해 불의에 주먹을 불끈 쥐면서도 근면하게 살았다. 바다와 이어진 땅, 땅과 이어진 바다, 곶은 간절하다. 곶의 새벽은 날마다 새롭다.

 나는 곶 사람이다. 나의 본은 곶이다. 삼면의 바다를 거느리고 거센 폭풍에도 한 톨도 흐트러짐 없는 나의 가계는, 곶인串人이다.

새들의 행간

 장미 줄기가 벽을 타고 올라 지붕 가득 붉은 꽃을 게워 내는 봄, 장미 나무속으로 낯선 물체가 보였다. 새들은 마른 가지를 물어다가 장미 가지와 벽 사이에 분주히 집을 짓고 있었다. 왜 하필 뒤뜰로 나가는 문 옆에 둥지를 튼 것일까? 문 여닫는 소리에 어미 새가 놀라 혹여라도 새끼를 잃을까 염려되어 우리 가족은 당분간 뒤뜰로 나가는 문의 사용을 삼가기로 했다.

 창문을 통해 새들의 집을 지켜보았다. 새들의 가정사에 증인이 되는 중대한 일이므로 새끼 새가 둥지를 날아가기 전까지는 최대한 주의하며 지내야 했다. 눈치 빠른 꽃들은 발뒤꿈치를 들고 소리 없이 꽃을 이어갔다. 사람도 자연도 생명 앞에 손잡고 서 있는 시간, 장미 나무는 피 같은 꽃을 연달아 토해내고 잎들은 덩달아 진해졌다. 어미 새는 종일 알을 품었다. 비가 오는 날에도 바람 부는 날에도 미동 하나 없이 자리를 지켰다. 알을 품고 있는 어미 새를 위해 이따금 아빠 새가 날아와 먹이를 물어다 주었다. 생명을 낳고 키우는 일이 새들에게도 혼자만의 일은 아니었다. 사람, 새, 꽃, 모두가 알이 깨어나기를 입 맞추어 기다렸다.

　창문 비스듬히 벽 쪽으로 바짝 얼굴을 가져다 대면 둥지 안이 보였다. 어미 새는 알을 품은 채 몇 날 며칠 묵언수행을 했다. 인기척이 들리면 작은 머리를 두리번거리며 경계심을 보이면서도 자리를 떠나지 않았다. 미련하리만치 품고 있었다. 가끔 잎이 무성한 틈 사이로 스치는 어미 새의 눈이 슬퍼 보였다. 문 옆에 둥지를 지은 것은 그렇다손 치자. 어찌하여 많고 많은 나무 중에 가시 장미 나무 위에 터를 잡은 것일까? 짚과 마른 나뭇가지를 얽어 둥지를 야무지게 지은 것을 보니 가시를 알고 지은 것이다.

　아침에 일어나면 어미 새가 분주히 움직이기 시작했다. 둥지 위로 새끼 새들의 작은 머리들이 스프링처럼 튀어 올랐다. 어미가 물어다 준 먹이를 경쟁하듯 빼앗으려는 새끼 새들의 울음소리에 장미 봉오리들이 폭죽처럼 터졌다. 어미 새는 폭죽 소리에 맞춰 구해 온 먹이를 새끼들 입속으로 골고루 넣어 주었다. 누구 하나 건너뛰는 법 없이 순서에 따라 열 손가락 깨물어 아프지 않은 손가락 없다는 말을 증명이라도 하듯 급식은 공평했다. 먹이가 크면 먹이를 찢어서 나누어 먹였다. 순서는 어미만이 알았다. 수상한 자가 나타나면 둥지에서 멀지 않은 곳에 서서 인기척이 사라질 때까지 기다렸다. 먹이를 받아먹는 새끼 새들은 아우성쳤다. 새끼 새들의 비릿하고 천진난만한 울음에 어미 새는 발만 동동 구르며 인기척이 사라질 때까지 눈을 떼지 않았다.

 나의 어머니는 며칠씩 장사를 나간 아버지가 돌아오지 않으면 산모인 몸으로 우유 값을 벌기 위해 일을 나갔다. 일이 끝나면 아버지는 자식에게 먹일 우유와 쌀을 구해 달리기 선수처럼 집으로 달려왔다. 서둘러 젖을 먹이고 밥을 지어 누구 하나 배고프지 않게 돌보셨다. 가시밭 같은 세상에서 둥지를 옹골지게 지어 덤불 속에서도 자식 넷을 골고루 보듬으셨다. 보듬는 순서는 부모만이 알았다. 아픈 손가락부터 고루고루 어느 손가락 하나 배곯지 않게 하는 것은 철저한 부모 몫이었다.

 새끼 새들이 하루가 다르게 커 갔다. 어미 새가 먹이를 구하러 나가는 동안 새끼 새들은 푸드덕 소리를 내면서 날갯짓을 연습했다. 어미 새가 먹이를 물고 돌아오면 힘이 센 새끼 새는 잡아먹을 듯 어미 새의 부리에서 먹이를 **빼앗아** 쪼아 먹었다. 행복한 빼앗김과 용서받은 갈취는 한 둥지에서만 쓰는 역사일 것이다. 하나둘 새끼 새들의 머리가 커지기 시작하더니 어느 날 둥지를 박차고 어미 새의 머리 위로 날아올랐다.

  나도 그랬다. 질풍노도의 사춘기 시절에는 애써 날아갈 연습을 했고 대학에 입학했을 때는 혼자 날 수 있을 것 같아 세상이 만만했다. 친구들과 어울리다가 귀가가 늦어질 때면 골목 앞까지 나와서 기다리던 엄마가 싫었다. 방귀 뀐 놈이 성을 낸다고 아침까지 화가 안 풀려 핸드백 안에 김밥을 넣어 주는 엄마의 손을 뿌리치고 집을 나왔다. 자식이라는 권세 하나로 새보다 한술 더 떠 기둥뿌리를 뽑아 가정을 꾸렸다.

  날갯짓을 익힌 새들이 둥지 위를 날아간 후에도 어미 새의 먹이 주는 일은 계속되었다. 비가 오면 비를 뚫고 바람이 불면 바람을 가르고 먹이를 구해 어미 새는 가시 둥지 위로 돌아왔다. 새들이 모두 둥지를 떠났다고 생각되어 뒷문 사용을 시작한 날, 오랜만에 뒤뜰을 나가 보니 꽃들이 소리 없이 꽃 무더기를 쏟아내고 있었다. 뜰을 돌아보고 들어오면서 무의식적으로 쾅! 하고 문을 닫는 순간, 둥지 위에서 물체 하나가 떨어졌다. 순간 어미 새가 어디에서 날아왔는지

굉음을 지르며 울기 시작했다. 통곡이었다. 천지가 개벽한 것처럼 얼마나 시끄럽게 울어대던지 동네 사람들이 나와서 구경했다. 날갯짓을 채 익히지 못해 남아 있던 새가 무심코 닫은 문짝의 진동으로 떨어진 것이다. 떨어진 마지막 새끼 한 마리는 잠시 뒤뚱거리더니 어미 새의 울음에 힘을 얻은 듯 하늘로 박차고 날아올랐다. 어미 새는 떠나지 않고 한동안 주위를 맴돌다가 새끼 새가 구름 뒤로 사라져 버리자 날아갔다.

그날 저녁, 또 한 번 이상한 일이 벌어졌다. 떠난 줄 알았던 어미 새가 먹이를 물고 나타난 것이다. 세 마리 새끼 새들이 모두 떠난 후였는데도 어미 새는 여전히 먹이를 물고 둥지 주위를 서성거렸다. 어미 새는 둥지와 몇 발짝 떨어진 곳에서 애달픈 눈으로 둥지를 바라보았다. 더는 지켜볼 수 없어 둥지를 해체하기로 했다. 긴 작대기를 들고 뒷문을 열었다. 장미 가시 위에 지어 놓은 지푸라기 집에 작대기를 가져다 대려는데 둥지 안에서 낮고 작은 울음소리가 들렸다. 둥지를 작대기로 건드릴 때마다 희미하던 울음이 선명해졌다. 채 자라지 못한 미숙아 새끼 한 마리가 아직도 남아 있었다. 뒷문을 사용하지 못하는 불편함 때문에 새의 생명을 **빼앗을** 뻔했으니 행간을 읽지 못한 것이다. 어미 새가 찾아오지 않을 때까지 기다려야 했었다. 새들은 작은 동작 하나에도 속뜻이 있었다.

　남편과 나는 아침이면 사다리를 타고 핀셋으로 미숙아 새에게 지렁이를 먹였다. 며칠이 지나자, 둥지 위 가녀린 깃털을 털어내고 마지막 새끼 새가 하늘을 뚫고 날아갔다. 먼 발치서 마음 졸이며 지켜보던 어미 새도 더 이상 오지 않았다. 새들이 떠난 자리에 산수국이 파란 꽃잎이 차례로 열리고 아기 입술을 닮은 베고니아가 팝콘 같은 꽃들을 게워냈다. 가시 위에 집을 짓고 가시 위에서 새끼를 키워 낸 어미 새가 행간을 남기고 떠난 뒤뜰, 장미는 초여름의 붉은 밑줄을 굵게 그어주었다. 머리 위를 떠돌던 구름이 새 떼를 데리고 먼 산을 넘는 저녁이었다.

조금씩 미쳐가는 시계를 위하여

내가 하늘과 정식 대면을 하기 시작한 것은 대학교 시절이었다. 창공과의 입맞춤, 봄꽃이 흐드러지게 피던 날 교정 잔디에 누워 책을 보다가 옥빛 맑은 하늘이 시야에 들어왔을 때 나는 무엇에 홀린 듯 읽던 책을 덮고 풀 위에 누웠다. 오래 하늘을 바라보았다. 햇살 속 구름은 천천히 흘러가고 있었고 새들은 박자를 맞추듯 느리게 노래했다. 청춘의 시계는 느리게 돌아가는 것일까? 사랑은 천천히 밀려가면서 이별을 동반하곤 했다. 어른이 되고 싶어 부딪치고 깨지고 절망했다. 손톱만 한 일에 분개하면서도 시간을 밀어내려고 안간힘을 썼다. 이상한 것은 학업과 사랑과 취업에 고민하고 방황하면서도 하루가 스물네 시간보다 길었다는 것이다.

시계는 차고 다녔지만 시간을 잡지 않았다, 고독과 열정에도 시간이 남아돌아 시간을 나누지 않아도 되었다. 아무리 많은 일을 해도 넘쳐흘렀다. 시간은 속도를 내는 법 없이 한결같고 정직했다. 시간을 우롱한 것은 청춘이었다. 사랑에 울고 이별에 가슴 아파하고 전혜린과 까뮈에 심취하면서 나는 왜 시간을 돌보지 않은 것일까? 어떤 날은 하루를 잠과 분노로 전소시키고도 얼마 남았는지 세어보지 않았다.

여덟 살쯤 되는 어린아이가 그 옛날 벽에 걸어 두었던 오래된 괘종시계를 들고 가는 사진을 본 적 있다. 사진의 제목은 '저 무거운 시간을 들고'다. 아이는 제 키의 반이 넘는 크고 무거운 시계를 들고 비를 맞으며 걸어가고 있었다. 시간이 무겁고 천천히 흐르고 있었다. 인간에게 떼놓을 수 없는 것이 촌음이다. 어쩌면 인간의 업은 태어나면서부터 시간을 옮기는 것일 수도 있다. 사진 속 아이에게 거대한 괘종시계는 무겁고 버거워 보였지만 째각째각- 쉬지않고 돌아가고 있었다.

시간이 무거운 몸을 입고 내 앞에 나타난 것은 내 나이 오십 즈음이었다. 귀밑에는 흰머리가 보이고 눈가의 주름이 솔솔찮게 잡힐 즈음 그때까지도 나는 시간에 대하여 긴가민가

했다. 팔에 차고 있던 청춘 시계는 멈추고 시계를 보지 않아도 하루가 가고 저녁이 왔다. 시간과의 타협을 고심하기 시작한 것도 그 무렵이다. 시간에 양해를 구하고 시간을 조절하고 타협하며 큰 테두리 안에서 그림을 그려야 했다. 지나온 만큼도 남지 않았다. 시간을 영상처럼 무심히 흘려보냈다는 것을 깨닫게 되었고 흘려보낸 시간은 다시는 돌아올 수 없는 길을 떠났다는 것도 알게 되었다. 모든 것이 시간으로부터 시작했다. 시간으로 많은 것을 살 수 있지만 언젠가는 바닥날 것도 알게 되었다.그러나 여전히 나는 바빴다. 세상에서 가장 가난한 사람은 시간이 바닥난 사람이라는 것도 알게 되었다. 나는 만나야 할 사람을 선별해야 하고 그리움도 함량을 달아야 하고 너무 멀리 간 것들은 과감히 잊어버려야 하고 조금씩 미쳐가는 시계처럼 어른이 된 것을 후회하기 시작했다. 시간을 아껴 쓰느라 구차해지기 시작했다. 시간을 조절하는 것이 아니라 시간이 나를 조절했다. 시간은 어느새 내게 생존의 문제가 되었다. 정체성의 문제였다. 시간에 내팽개쳐지고 끌려다니면서 시간에 내몰리고 때론 시간을 구걸해야 하다니 이건 아니다. 하늘을 올려다보면 파란 하늘이 아닌, 천천히 흘러가는 구름이 아닌, 느리게 노래하는 새가 아닌 또 다른 것들이 보이기 시작했다.

들여다보지 않아도 천천히 흐르던 시간과 세어보지 않아도 나를 조롱하지 않던 시계는 어디에서 잃어버린 것일까? 조금씩 미쳐가는 시간의 꼬랑지를 잡아 본다. 내가 측은해 보였는지 시간이 입을 연다. 오래전 시계는 사라져 버렸다. 잠시나마 추억을 돌아볼 수 있는 것은 시간이 준 긍휼이다. 시간의 껍데기를 부여잡고 안타까워한다고 시간은 거꾸로 흐르지 않는다. 추억의 순간만은 내가 주인이다. 시간이 이렇게 빠른 줄 몰랐다. 시간이 변했다. 이토록 대책 없이 사라질 줄이야 누가 알았을까? 시계는 왜 자꾸 걸음이 빨라지는 것일까? 시간이 없다. 늦지 않았으리니 미쳐가는 시간의 머리칼을 잡고 휘몰아쳐 보자. 너무 느리지 않게 너무 빠르지 않게 골고루 저어가며 적절하고 정직한 시간이 되었으면 좋겠다.

시계는 거꾸로 돌지 않는다.

가지 꽃 수업

 올해 처음 가지 농사를 시작했다. 농사라고는 하지만 마당 한 구석 자그마한 텃밭이 고작이다. 잎이 넓게 퍼지면서 커진다고 해 간격을 두어 심었다. 한 나무에 수십 개의 가지가 달린다는 말을 믿을 수 없을 만큼 모종이 여릿여릿하다. 만지면 부서질 것 같다. 땅을 흠뻑 적신 후 모종을 묻었다. 어린 가지는 물과 햇빛을 버무려 보랏빛 혈관을 만들어 냈고 손바닥만 한 잎들을 키워갔다.

 어느 날 아침에 일어나니 가지 위에 봉오리가 맺혀 있다. 봉오리는 하나 같이 땅을 향해 피었다. 꺾인 것 같기도 하고 쓰러진 것 같기도 하여 만져 보니 심을 때의 감촉과는 달리 옹골지다. 며칠 후 군데군데 꽃이 피었다. 초여름 볕에 여기저기 툭툭 봉오리가 터졌다. 땅을 향해 피어야 하는 소명을 가지고 태어난 꽃일까? 가지 꽃을 한 번도 본 적 없는 나로

서는 무언가 잘못되고 있다는 생각이 들었다. 꽃이 하늘을 향하도록 끝으로 붙들어 매 주었다. 다음 날 아침에 나가보니 매어 준 꽃이 어느새 원상태로 돌아가 고개를 숙이고 있다. 가지꽃에 대하여 배워야 할 것 같아 중요한 곳에는 밑줄 긋고 형광펜을 사용하면서 가지 키우기 공부를 시작했다.

  가지 꽃은 자라면서 고개를 들지 않는다. 눈을 치켜뜨거나 흘겨보지도 않는다. 수줍음이 집안 내력이다. 부끄러움은 꽃의 장기이다. 세상을 사선으로 읽으면서도 오독하지 않는다. 부끄러움을 모르는 세상에 부끄러움을 알려주고 정죄하지 않는다. 순하다. 순한 눈은 귀를 닮았다. 말하기보다 듣기를 즐겨한다. 꽃의 모양은 귀를 닮은 것 같기도 하고 종을 닮은 것 같기도 하다. 고개를 숙이고 귀를 열었다. 경청을 거부하고 제소리만 내는 세상을 향한 경종이다.

  며칠 후 밭에 나가보니 열매가 맺혀 있다. 주인의 마음을 읽은 것일까? 작은 바람에도 귀 기울인 듯 겸손하게 꽃을 익히며 비스듬히 완만한 곡선을 그리며 열매가 되어가고 있었다. 사선으로 피어 아름다운 가지 꽃. '비스듬히'는 현대인들이 잃어버린 은유일지도 모른다. 가지 꽃에서 사람 인ㅅ자를 떠올렸다. 두 획이 비스듬히 서로에게 기대고 있는 모양은 '사람은 혼자서 살아갈 수 없다'라는 증명, 하나가 쓰러지면 옆에 있는 다른 하나도 무너진다는 말이다. 나 하나 잘되면 되는 세상이 아니라는 말이다. 기대어 자라는 가지 잎을 보라. 수줍은 듯 사선으로 줄기에 기댄 꽃잎 위로 떨어지는 빗방울을 보라. 부끄러운 듯 비스듬히 열매가 되어가는 붉지도 푸르지도 않은 꽃을 보라.

비가 오면 가지 꽃은 노란 꽃술 위에 보라색 우산을 편다. 오래된 축음기 레코드판에서 흘러나오는 음악 같다. 빗소리에 젖는 모습을 지켜보고 있노라면 세상이 평온하다. 빗소리에 쑥쑥 커가는 가엽(茄葉)들은 장군의 위엄을 닮았다. 행렬 속에서도 열매가 되기 위한 간이역에 서 있다는 것을 아는 것, 고개 숙인 꽃에 빗방울이 맺힌다. 음악이다.

가지 꽃에 관한 공부가 깊어질 무렵 텃밭 농사를 오래 경험한 지인이 방문해 열매를 맺기 시작한 가지 나무를 보며 말했다. "지가 잘나서 잘나가는 건 시상에 하나도 없지유. 버팀목 같은 부모가 옆에서 버티고 있지 않으면 지깟것들이 되남유? 어림 반푼어치도 없시유." 말뜻을 알아듣지 못하는 것을 알아차린 지인이 부연 설명을 이어갔다. "그려두 가지는 공손하기나 하지유? 자식은 뻣뻣하기가 곰 발바닥 같잖아유?" 나는 그제서야 말뜻을 이해하고 지인을 바라보고 한참 웃었다. 가지 밭에 한바탕 웃음꽃이 피어났다. 가지 농사를 자식 농사에 빗대어 가르쳐준 지인의 말에 진한 밑줄을 그은 날이다. 열매를 지키기 위해 세상 한번 똑바로 추켜올려다 보지 못하고 열매를 키운 가지 꽃을 복습하며 지금은 떠나고 안 계신 부모님을 복습했다. 지인의 구수하고도 비스듬한 비유가 공부가 된 날이다.

  가지 꽃은 열매가 되어도 꽃의 기억을 잊지 않는다. 꽃이 익으면 조용히 허물을 벗고 열매에게 자리를 내어준다. 가지꽃은 자리를 아는 꽃이다. 자리를 안다는 것은 고난도 기예이다. 꽃의 지향점이 바닥이라는 점, 아래를 보고 스스로 자족하며 계절을 건넌다는 점, 한 번도 치받은 적 없다는 점, 작은 일에 주먹을 휘두르지 않는다는 점, 꽃이 익으면 흔적으로만 남아 열매가 익을 수 있게 지탱해 준다는 점, 여름내 텃밭을 풍성하게 해 준 가지 꽃의 특성에 별표를 쳤다.

  얼마 후 나는 열매를 수확하기 위해 텃밭으로 나갔다. 만지면 부서질 것 같던 여린 모종이 제 몸보다 무거운 열매를 매달고 있다. 한 입 베어 무니 달다. 가지는 한자 가자(茄子)가 변한 말이라고 하는데 가(加)에 풀 초(艹) 변으로 세상에 더해지고 도움이 되는 열매라는 말이다. 더하고 도움이 되는 삶처럼 축복된 삶이 있을까?

  가지 꽃은 고개 한 번 쳐들지 않고도 주먹 한 번 쥐지 않고도 포근하면서도 진정성 있는 열매를 일구어냈다. 여름내 적어놓은 가지꽃의 문맥과 참조가 삶의 밑거름이 될 것을 믿는다. 밑줄 긋고 동그라미와 별표를 치면서 겨울을 건너리라.
  꽃 진 자리에 보랏빛 어혈이 맺혀 있다.

도끼 사용 설명서

 녹슨 도끼 한 자루 보인다. 맥을 놓은 듯 광의 한 귀퉁이에 비스듬히 놓여 있다. 폭설에 전기가 끊겨도 따뜻할 수 있었던 겨울, 우리는 도끼로 장작을 패 추위를 견디어 낼 수 있었다. 그 겨울 우리에게 도끼는 고마운 존재였다. 그 이후 광에 보관했으니 몇 년 만인가?

 도끼를 만져 본다. 묵직하다. 시공간 속에서도 장중한 쇠붙이의 느낌을 잃지 않았다. 금세라도 나무를 쪼개어 낼 것 같다. 예리함이 지금도 서릿발 같다. 한동안 쓰지 않아 녹슬었음에도 눈빛이 살아있다. 섬뜩하다. 나를 지켜보는 것 같은 것이 눈이다. 입이다. 코이다.

 도끼를 내리칠 때는 단호해야 한다. 망설이면 안 된다. 도끼를 빼 들면 몸의 힘을 한 곳으로 모아 단숨에 내려찍어야 한다. 타협할 여지가 없는 것이 도끼를 사용하는 방법이다. 마음대로 휘둘러서는 안 된다. 잘못 사용하면 스스로 다친다. 연장은 잘못 쓰면 둔기가 된다. 연장은 연장으로 쓰일 때 아름다운 법이다.

자르고 쪼개는 데 사용하는 것이 도끼이다. 삭제하고 분리하는 데도 이용한다. 단단하거나 자르기 힘든 것들을 토막 내기도 하지만 도끼의 뒷부분은 망치로 사용하기도 한다. 도끼는 덧붙이거나 채우지 않는다. 무쇠로 만든 검을 조각낼지언정 간을 보지 않는다. 무릎을 일자로 똑바로 세우고 나무를 내리치는 것이 도끼 사용법이다. 도끼를 다룰 줄 아는 사람은 힘센 사람이 아니다. 결을 알고 힘 조절에 능한 사람만이 도끼를 사용할 자격이 있다. 결을 안다는 것이 어디 쉬운 일인가?

머릿결을 아는 사람이 미용사가 되듯이 결을 잘 알아야 도끼를 사용할 수 있다. 아무리 단단하고 큰 장작이라 해도 결을 따라 장작을 내리치면 쪼개어져 온기를 뿜어내게 해 준다. 사람에게도 결이 있다. 도끼이든 사람이든 내리치기 전 가장 먼저 할 일은 결을 확인하는 일이다. 마르지 않은 것을 내리치면 도끼날이 박혀 빼지 못하는 것도 잊지 말아야 한다. 성숙하지 못한 사람을 만나면 삶을 통째로 물린다는 말이다.

도끼는 물건들을 토막 내고 자르기도 하지만 이어주는 일도 한다. 도끼가 두 가지 용도로 쓰이듯 상징적 의미는 결 그리고 힘이다. 방향을 잘 잡으면 튼튼한 집이 완성된다. 삶도 그럴 것이다. 단호함과 절제, 혜안과 용맹함, 냉정함과 따뜻함을 적절히 사용하면 멋진 인생의 집을 지을 수 있을 것이다.

창도 활도 아닌 돌도끼로 사냥했던 시대가 있다. 모계사회 시대였던 때에 짐승을 잡아 오지 못하는 남자는 동굴 속에 들어오지 못하고 내침을 당했다. 도끼에 능한 자는 인정을 받았다. 생필품 도구를 사람을 해치는 데 쓰는 사람이 있다. 도구는 선하게 사용하면 생명을 구하지만 잘못 사용하면 악이 된다. 도끼는 양날의 칼을 가지고 있는 도구다. 온기를 선사하는가 하면 냉기에 이용되기도 한다.

옛 충신들은 임금님께 도끼와 함께 상소장을 올렸다. 예로부터 도끼는 목숨을 내거는 충정의 상소에 상징처럼 올려졌다. 나라를 사랑하는 충정 없이 어찌 목숨을 담보로 내놓을 수 있을까? 충신들은 찍어 내야 할 것을 우직하게 쳐내는 도끼의 의미를 왕께 올린 것이다. 절개였고 결단이다. 도끼는 망설이는 자의 말을 듣지 않는다. 분배와 균형을 알고 돌진하는 자만이 도끼를 쓸 자격이 있었다.

  사용법은 간단하다. 내면을 이해하고 생김새를 인정하면 사람의 마음이 열리는 것처럼 결과 모양을 알면 된다. 벼린 도끼는 절실하게 써야 한다. 성찰하고 훈련된 사람은 장작은 물론 사람의 마음까지 쪼갤 수 있다. 묵직할수록 좋다. 제 몸의 무게를 이용해 가장자리부터 조금씩 중앙으로 패 들어가면 된다.

  목수들은 도끼로 집을 짓고 광부들은 도끼로 광물을 캔다. 바이킹 시대에는 전투 무기로 사용하기도 했다. 사냥꾼들은 도끼로 먹이를 잡고 고기를 자르기도 했다. 항공기 충돌 착륙 비상시에 대비하여 출구를 뚫는 도끼도 있다고 한다. 누구 손에 들렸느냐에 따라서 변신하는 것이 도끼이다. 선과 악은 도끼를 쥔 자의 책임이다.

도끼에 귀를 대어 보니 바람 소리가 들린다. 갈바람 들녘을 가로질러 오는 밤, 광 옆에 핀 들풀이 눕고 녹슨 시간 속에 비스듬히 누워있는 도끼의 눈이 빛난다. 녹슬지 않았다.

등대가 있는 마을

 물때를 물질하던 어부들이 집으로 돌아가면 방파제에 불빛들이 내려앉고 포구의 밤바다는 파도를 묵묵히 받아내며 깊어진다. 불빛 안으로 배 한 척 들어온다. 밤바다에 길이 보인다. 등대가 켜지며 어둠 속에 길이 뚫린다. 불빛을 훑으며 정박하는 배들을 갈매기들이 마중한다. 배 주변에 그물이 매달려 있는 것을 보니 고깃배다. 배에서 내리는 어부들의 옷에는 은빛 비늘이 묻어있다. 어부들이 들고 내리는 허름한 짐에서 풍기는 알싸한 바닷냄새, 나는 그 냄새를 얼마나 그리워했나? 등대를 올려다본다. 바다와 씨름하고 돌아온 어부들의 허드레 손을 만져주는 불빛은 바다 사람들에게 집으로 돌아갈 이유가 되었을 것이다. 어둠 속에 빛 길이 있다는 것이 얼마나 큰 위로인가? 불빛에 포구가 순해진다. 바람이 거셀수록 포구가 평화로운 것은 등대가 있기 때문이다. 폭풍이 몰아치는 날이면 불빛이 우람하다. 낯설면서도 익숙한 불빛, 오래 이방인으로 떠돈 탓일까? 포구를 지키는 등대가 바다와 뭍 사이를 이어주는 밤, 물결은 잔잔한데 마을에서 뭇 개가 짖는다.

 기억 속의 바다는, 온종일 모래 장난을 하며 놀았던 어린 시절의 마당이다. 바닷물 가까운 곳에 모래성을 쌓으면 파도가 밀려와 모래성을 무너뜨리던 바다. 아이는 모래성이 부서지면 더 단단하게 모래성을 쌓았다. 종일 성을 쌓고 부수었으리라. 저녁이 되면 함께 놀던 아이들이 하나둘 집으로 돌아갔으리라. 바다가 붉은 해를 목구멍 깊숙이 삼킨 후에야 아이는 흙 묻은 바지를 털고 일어났으리라. 바다에 다시 별이 뜰 때까지 모래성을 쌓다가 부수는 일을 계속한 적도 있으리라. 어둠이 아이의 발가락을 어름어름 물들여 올 때가 되면 집으로 돌아가곤 했으리라. 이상한 날이다. 수평선 너머로 해가 떨어지며 낯선 마을에 떨어진 것 같은 느낌에 주위를 두리번거렸던 아이는 바다가 검다는 것을 그때야 알았다. 등대에 가면 집을 찾을 수 있을 것 같아 있는 힘을 향해 뛰었다.

 등대에 이르렀을 때 어른들은 삼삼오오 떼 지어 바다를

구경하고 있었다. 낯설었다. 아이가 길을 잃었다는 것을 눈치챈 사람들은 아이의 이름과 집을 물었다. 아이는 울기만 했다. 바다도 사람도 너무 낯설었다. 인파를 제치고 한 할머니가 다가와 "너, 서울서 놀러 온 진구 조카 아니냐?"라고 물었다. 아이는 참았던 울음을 터트렸다. 어머니 배 속에서 세상으로 처음 발을 내디뎠을 때의 울음이 그러했을까? 아이는 바다가 떠나가도록 울었다. 모래 묻은 주먹으로 눈물을 연신 훔쳐내는데 저만치 아버지가 보였다. 우람한 등대 같았다. 아이는 온 힘을 다해 뛰어가 등대를 안았다. 아이의 오른손과 왼손이 닿지 않을 정도로 거대한 아버지는 우주보다 높은 불빛 탑이었다.

  나에게 아버지는 등대였다. 내가 대학 입시 때 아버지는 담석증을 심하게 앓았다. 아버지는 당신이 일을 나가지 못하는 것보다 딸의 입시에 병마로 방구들을 지고 누워있다는 사실을 못 견뎌 했다. 대학 예비고사를 치르고 본 고사를 치르기 전 아버지는 아픈 몸을 이끌고 선생님들을 일일이 찾아뵈었다. 선생님이 나를 위해 대신 시험을 처러 주는 것도 아닌데 아버지는 선생님 한 분 한 분에게 머리를 조아리며 인사를 다녔다. '아빠의 무관심'이 자녀 명문대 합격의 조건이라고 말하던 시절이었음에도 아버지는 아랑곳하지 않았다. 아버지는 지금도 나의 등대이다. 불빛 환히 켜고 나를 지켜보신다.

  나의 학창 시절 아버지는 학부모 상담을 도맡아 했다. 그 옛날 아버지들은 바깥일에 전념하고 어머니들이 학부모 상담을 전담했다. 아버지가 찾아오는 학생은 내가 유일했는데 아버지가 학부모 상담으로 학교를 방문하는 날이면 상담이 끝나고 교실 창문으로 수업을 하는 딸을 웃음 가득한 얼굴로 지켜본 후 고개를 몇 번 끄덕이고 난 후에야 집으로 돌아갔다. 다른 엄마들은 예쁘게 차려입고 학교를 오는데 아버지는 늘 일터에서 바로 온 덥수룩한 모습이었다. 나는 나의 아버지가 학교를 찾아오는 유일한 학부모라는 사실이 싫었다. 아버지는 교실 창문으로 공부하는 딸을 잠시라도 보는 것이 행복했겠지만 유리창 밖 나를 지켜보는 아버지를 보면 나는 귀까지 빨갛게 물들어 고개를 푹 숙인 채 공부를 했다. 화가 나서 교실을 뛰쳐나와 아버지에게 빨리 가라고 투정을 부린 날도 있다.

  어릴 적 나는 호기심이 많은 아이였다. 이웃집에서 지붕 수리로 아침 일찍부터 동네가 시끄러웠다. 엄마는 나에게 위험하니 집 밖에 나가면 안 된다고 주의를 주었다. 나는 공사장 근처에 얼씬도 하지 말라는 주의를 까마득하게 잊은 채 신발을 깔고 앉아서 지붕 공사를 지켜보았다. 높은 지붕 위에서 벽돌을 한 사람이 던지면 한 사람이 허리를 돌려받아 내는 모습이 새 같기도 하고 춤 같기도 해 입을 벌린 채 한참을 보고 있는데 순식간에 눈 속으로 굵은 벽돌 가루가 떨어졌다. 짧은 시간에 벌어진 일이라 눈을 뜨지도 못하고 허둥대고 있는데 아버지가 나타났다. 아버지는 어린 나의 손을 뒤로 젖힌 후 당신의 혀를 눈 속으로 밀어 넣으셨다. 내 눈 속 이물질이 아버지의 부드러운 혀에 씻겨 나갔다. 그날 이후 나는 세상을 맑고 따뜻한 눈으로 볼 수 있게 되었다. 인생의 후반기에 접어든 이 나이에도 아버지는 등대이다. 길을 잃거나 세상이 깜깜한 날이면 아버지의 삶을 떠올린다. 아버지는 지금도 내 곁에 서 있다. 등대 불빛에 길이 뚫리고 나로 다시 일어나 걷게 해 준다.

배 한 척이 바다를 가로질러 들어온다. 어둠이 깔린 바다는 등대 불빛으로 환하다. 어부들이 짐을 들고 내린다. 불빛이 피곤한 어부의 등 위에 쏟아지는 밤, 마을이 고요하다.

하얀 섬광이 물결에 반짝인다. 집으로 돌아간 어부들은 아버지를 기다리다 잠든 아이들의 발을 만지며 행복한 웃음을 지을 것이다.

안개 덮여 자욱한 세상 한 치 앞도 보이지 않는 밤 등대가 되어 곁을 지키시는 아버지. 알싸한 바다 냄새를 풍기며 언제나 그 자리에 서 계시다.

기차가 지나가는 동안

　마을에는 지금도 기찻길 옆 가게가 있다. 남편과 내가 미국 와 처음 장사를 시작한 곳, 기차가 지나가면 사람들이 가게 앞에 멈춰서 쇼윈도 마네킹을 뚫어져라 들여다보던 곳, 장사를 시작할 때만 해도 갓 이민 온 이탈리안들이 모여 살던 동네였는데 아프리카에서 갓 이민 온 흑인들과 동구 유럽에서 온 가난한 백인들 그리고 남미에서 온 스페니시들이 이주해 오면서 다민족 이민자들의 마을이 된 곳이다.

　마을 사람들은 거의 뜨내기였다. 자주 들르던 손님이 보이지 않아 물어보면 다른 곳으로 이주했다는 말을 듣는 불안정한 마을에서 우리는 장사를 시작했다. 마을에는 두 종류의 사람들이 있었다. 하루 벌어 하루를 사는 가난한 이민자들과 법원과 병원에서 일하는 전문직 사람들, 둘은 달라도 너무 달랐다. 점심시간이면 흰 와이셔츠와 하얀 가운을 입은 사람들이 주 손님들이다. 그들은 맘에 드는 옷이 있으면 입어보지도 않고 선뜻 옷을 골라 계산대 위에 놓았다. 어떤 이는 스무 벌 이상의 옷을 입어보지도 않고 샀다. 저녁이면 가게 건너편으로 노을이 물들었다. 어름어름 해가 진 틈으로 일에서 돌아온 이민자들이 손님으로 들어왔다. 그들은 단번에 옷을 사는 법이 없었다. 며칠 혹은 몇 달을 쇼윈도 구경하다가 벼르고 별러서 옷을 샀다.

크리스마스를 며칠 앞둔 날이었다. 안젤라라는 손님이 들어왔다. 가게 문을 열고 들어오는 모습이 두 뺨 빨갛게 상기되어 크리스마스 꽃처럼 붉고 환했다. 작은 키의 남미 원주민, 해맑은 웃음을 가진 그녀를 나는 '베이비 안젤라'라고 불렀다. 그녀는 남미 에콰도르 사람이었다. 청소부 일이 주업이었는데 일이 끝나면 가게 밖 쇼윈도 앞에 멈춰 서 한참 동안 진열장의 옷들을 들여다보다가 돌아가곤 했다. 어떤 날은 기차가 모두 지나갔는데도 쇼윈도 유리 앞에 멈춰 서 유리창 안에 진열된 옷들을 꿈꾸듯 바라보기도 했다. 그녀의 등 뒤로 지던 노을, 지금 생각하면 기차가 지나가는 동안 꾸는 꿈이다.

크리스마스를 얼마 앞두고 찾아온 그녀가 열 벌의 옷을 샀다. 추운 겨울에 환한 살구색 봄 원피스를 고르고 살구꽃보다 환하게 웃던 여자, 평소에 점 찍어 놓은 옷들이 매장 어디에 놓여 있는지 훤히 알고 있어 옷 열 벌을 골라 오는 데는 삼 분도 걸리지 않았다. 그녀는 크리스마스에 가족과 함께 지내기 위해 고향인 에콰도르에 간다고 했다. 고향의 쌍둥이 언니에게 선물한다며 똑같은 옷을 두 벌씩 사고는 은행에서 갓 찾은 빳빳한 지폐로 옷값을 지불했다. 가게를 나가는 안젤라의 뒷모습이 행복해 보인 날이다.

그녀는 크리스마스를 지내고 고향에서 돌아와 다시 청소부 일을 시작했다. 그녀의 쇼윈도 보기가 다시 시작되었다. 해가 일찍 지는 겨울이면 가게 앞 가로등 불빛이 뿌옇게 흔들리던 메인 스트리트, 기차가 지나가는 동안 그녀는 쇼윈도 안의 옷을 선물로 들고 고향을 찾을 것을 꿈꾸는 듯 열심히 살았다. 가게 유리창 불빛의 반사를 막기 위해 손으로 이마를 가리고 가게 안의 옷들을 들여다볼 때면 청소일에 닳아버린 그녀의 손톱이 나를 슬프게 했다. 기차가 지나가면 가게 밖에서 쇼윈도 안의 진열품을 바라보며 꿈꾸던 그 시절 그 사람들은 지금 어디서 무엇하며 살아가고 있을까?

크리스마스를 앞둔 이 무렵이면 유리창 너머 쇼윈도의 옷을 보며 고향을 꿈꾸고 가족을 꿈꾸었던 그녀가 생각난다. 겨울이면 두꺼운 코트 속에 얼굴을 묻고 가게 앞을 지나가던 뭇 이민자들의 모습이 어제처럼 그려진다. 기차가 지나가기를 기다리며 크리스마스 파티복을 입은 마네킹을 꿈처럼 바라보던 눈동자들은 어떻게 살아가고 있을까?

기찻길 철로 바로 옆 가게, 기차가 지나갈 때면 귀가 먹먹해지던 동네, 기차가 지나가면 가게 전체가 기차 레일처럼 흔들거리던 곳, 기차가 지나가기만을 기다리며 꿈을 꾸던 사람들, 그때 그 연어들은 고향으로 돌아갔을까?

남편이 양손에 무거운 옷 보따리를 들고 기차 레일을 건너오던 곳, 그 시절 그곳은 남편과 나에게도 기차가 지나가던 시간이다. 기차가 지나가는 동안 우리는 벌판에 서 있었다. 기차 레일 쇠붙이의 떨림과 중력을 온몸으로 받아내며 기차가 지나가기만을 기다리던 시간이다. 기찻길을 가로질러 건너오는 남편의 두 손에는 새벽 도매 시장에서 사 온 옷들로 가득 찬 비닐 봉투가 들려져 있었다. 옷 봉투가 무거워 빙글빙글 돌아가는데도 봉투는 찢어지지 않았다. 그때

초등학교를 다니던 아이들은 벌써 결혼하여 가정을 이루었는데 기차가 지나가던 마을에서는 아직도 책가방을 어깨에 메고 머리를 팔랑거리며 넘어질 듯 넘어질 듯 기찻길을 건너오는 남편 뒤를 따라온다.

  기차가 지나가는 동안의 꿈이다. 눈 깜빡할 사이의 소설이다.

아름다운 도둑님

줄장미가 담을 넘는 초여름이다. 간밤에 내린 비에 장미는 줄기를 키워 허공으로 탈출했다. 지나가는 행인의 머리 위에 장미꽃이 만발했다. 사람들은 길을 가다가도 담장을 넘은 꽃 앞에 멈춰 서 꽃을 올려다본다. 꽃을 바라보는 사람들의 얼굴이 마알갛다. 담장 밑에 서 있는 여자가 장미꽃 핀을 머리에 꽂은 소녀 같다. 행인들은 장미를 머리에 이고 길을 걷는다. 세상이 환하다. 세상 구경에 나선 넝쿨장미, 허공을 딛고 있는 모습이 당당하다.

담을 넘은 장미 도둑님. 넘는다는 것이 침략이라 해도 줄장미는 죄가 없다. 그토록 아름다운 도둑님이 있을까? 도둑님의 모습에 행인들의 얼굴에 행복한 미소가 번진다. 어떤 이는 도둑님 코에 자신의 코를 들이대고 달콤한 냄새를 들이마신다. 향기로운 도둑님이다.

줄장미야, 나는 너의 도둑질이 황홀하다. 슬금슬금 기어올라 허공 위에 화들짝 피어난 용기가 환희롭다. 경계를 부수고 금단의 지역을 넘나드는 네 발칙한 행위가 위태롭도록 아름답다. 시위하는 것이냐? 반기를 드는 것이냐? 이렇게 사는 것이라고 시범을 보이는 것이냐? 너로 인해 세상이 행복하다. 더운 비 속에서도 그토록 짙붉을 수 있다니 건너편 세상을 향한 너의 발돋움이 세상을 홀린다. 사람들의 마음을 훔치며 담 밖을 훔치는 너의 능란한 솜씨가 필시 도둑이다. 절도 행위는 여름내 모반을 꿈꾸었다. 너의 위태로운 꿈이 작두 같은 허공 위에서 춤을 춘다. 담장 위로 붉은 머릿결이 쏟아진다. 코끝 진한 향기가 손을 내민다. 바람이 불면 금세라도 뛰어내릴 기세다. 떨어질 듯 출렁거리는 것을 보니 누구의 손을 잡은 것이냐? 허공에 매달린 네 모습이 벗어놓은 신발처럼 비장하다.

줄장미야, 나는 허공을 꽃밭으로 삼고 살아가는 너의 근성이 부럽다. 비어 있는 쪽으로 발을 뻗은 너의 모색이 오만하리만치 아름답다. 폭죽처럼 꽃망울 터뜨리며 여름을 채워 다오. 무정한 세상을 향해 무슨 말을 해야 하는지 알려 다오. 세상을 향해 축포를 터트리는 훈련받은 유월의 장병아,

어느 곡예사가 너처럼 아름다운 춤을 출 수 있을까?

  겹겹의 꽃잎에서 물결무늬 소용돌이가 인다. 상처를 감싸 안았다. 단단하게 꽃잎을 말아쥔 봉오리는 인내의 주먹, 죽을힘을 다해 피어나느라 붉었던 것이다. 소용돌이 속에 코를 묻으면 향기가 배어 나온다. 진하다. 징하다. 무더기로 핀 꽃의 무게가 종잇장보다 가벼워 바람에 쓰러지지 않는다. 여름을 붉게 뒤덮어 버리는 도적님이여, 어여쁜 훔침이여, 눈물을 일깨워다오. 향기를 알게 해 다오. 네 붉고 뜨거운 눈물이 세상을 어떻게 적시고 위무하는지 알려다오. 나의 아름다운 도둑님이여.

낙엽은 마법처럼

  마당의 낙엽 더미가 치워지면 우리 집 겨울이 시작된다. 초가을부터 떨어지기 시작한 나뭇잎은 떨어진 자리에 멈춰 있다가 바람이 불면 나뭇잎 갈색 파도를 철석이며 나뒹군다. 늦가을이면 우리 집 뒷마당에는 긴 띠를 이룬 갈색 나뭇잎 파도가 생긴다. 나뭇잎 파도는 계절을 뒤척이다가 낙엽이 거의 치워지는 겨울의 입구가 되면 사라진다.

  19년 전, 우리 가족은 뒷마당 끝으로 숲이 이어지는 집으로 이사를 왔다. 커다란 창문으로 숲이 바라보인다는 것 하나만으로 충분한 소득이 있는 집이다. 통창 문을 통해 보이는 창밖 풍경은 글을 쓰는 나에게 계절을 알리는 전령사가 되어 주었고 인고의 삶을 이겨내는 인간의 모습을 그대로 재현하는 순례자가 되어 주기도 했다. 자연이 가까이 있다는 것은 스승 하나를 곁에 두고 있는 것과 마찬가지이다.

계절마다 자연이 펼쳐 주는 책갈피는 우리의 삶을 풍요롭게 해 주었다. 형형색색의 잎들은 생김은 다르지만 흙으로 돌아가는 모습은 평등하다 못해 존엄하다. 매년 가을 나는 낙엽 책갈피의 숨결에 귀 기울이고 나뭇잎이 그려내는 갈색 파도를 묵상한다.

 낙엽을 쓸어내는 시간은 한 해를 보내기 전 자연이 주는 선물이다. 잎들을 떨어낸 나무들을 품고 있는 숲을 보면 가족의 의미를 다시 묵상하게 된다. 낙엽을 쓸어낸 날이면 나는 가족을 위해 따뜻한 저녁상을 차린다. 낙엽 더미 그 갈색 페이지는 무한한 아름다움의 발로가 된다. 욕심을 털어내고 이제 비워낼 시간이라고 말해주는 것 같다.

 우리 집 뒷마당에는 긴 띠를 이룬 갈색 파도가 그려진다. 초가을부터 떨어지기 시작한 나뭇잎들이 바람이 불면 물결을 만들어 집채 쪽으로 가까워진다. 매년 찾아오는 가을 파도는 낙엽이 거의 치워지는 겨울의 입구에서 사라지는데 우리 가족의 겨울은 늘 그렇게 시작된다.

 낙엽을 쓴다. 가까운 곳부터 먼 곳까지. 숲 쪽에서 시작해

집채 쪽으로 낙엽을 긁어낸다. 긁어모으듯, 쓸어 버리듯, 낙엽을 긁다 보면 온갖 잡념이 사라진다. 밖으로 밀어내고 안으로 들여앉히는 일을 반복하는 사이에 몸과 마음은 나뭇잎처럼 가벼워진다. 세상도 가뿐해진다. 그 어떤 일이든지 이겨낼 것 같은 마음이 든다. 군데군데 모아둔 낙엽은 여러 개의 작은 산을 이룬다. 잠시 허리를 펴고 하늘을 보면 파란 하늘이 펼쳐져 있고 세상은 더없이 작게 느껴진다. 하늘을 제대로 바라본 지가 얼마 만인가? 하늘을 묵상한다.

  낙엽을 쓸어내는 일이 끝나면 낙엽 이불을 짓는다. 탐스러운 꽃 무더기를 피워내던 꽃나무 위에 낙엽을 덮어 주는 일은 빠질 수 없는 우리 집 가족 행사다. 죽은 생명이 또 다른 생명을 덮어 주고 지켜주다니 무슨 아름다운 순리인가? 꽃나무 위에 나뭇잎 이불을 덮어 줄 때면 한평생 자식을 위해 희생하고 돌아가신 부모님이 그리워진다. 눈보라에 얼지 않고 더 많은 꽃을 피워낼 것을 믿으며 어린 꽃나무 위에 낙엽을 뿌려주면 낙엽도 편안한 마음으로 돌아갈 수 있을 것이다. 나뭇잎 이불 덮어 주는 일을 마치고 나면 김장을 끝낸 것처럼 든든하다. 낙엽을 쓸어내는 일이 수월치 않은 일임에도 기다려지는 것도 이 때문이다.

낙엽에는 봄이 있다. 봄은 '보다'라는 동사에서 유래된 것이다. 그러니 낙엽에서 봄을 보면 아무리 추운 겨울도 봄이 된다. 살을 에는 것 같은 추위도, 끝나지 않을 것 같은 겨울도 너끈히 이길 수 있다. 죽은 것을 죽은 생명으로 보지 않게 된 것은 낙엽을 통해 배운 삶의 이치이기도 하다. 이민의 삶을 살면서 절망의 시간이 몇 번 지나갔지만 마른 잎새에 물기가 돌고 잎맥이 이어질 것이라는 희망을 놓지 않고 살았다. 낙엽 책갈피를 읽은 때문이리니 낙엽落葉을 낙엽樂葉으로 읽으리라. 삶의 갈피를 흔들리라.

낙엽을 쓸어낸 자리에 겨울이 찾아오면 뒷숲이 묵직해진다. 각자의 자리를 아는 나무들은 차가워지는 바람에 결기 있는 입술을 깨물며 계절을 견딘다. 숲이 겨울 궁리에 들어가면 서재에 난 커다란 창을 통해 봄의 염탐이 시작된다. 빈 나뭇가지를 하나하나 읽어 내리다 보면 창끝에 손톱만 한 초록이 보인다. 봄의 치맛자락이 물들어 온다.

벽 너머의 글

 가치를 깨우쳐 준 옛글이 있다. 윤오영의 『방망이 깎던 노인』이란 작품이다. 나는 친구들을 만나면 곧잘 '방망이 깎던 노인'을 빗대어 말한다. 반세기도 지난 고전을 현대에 빗대어 본다는 것은 자칫 오용되기 쉽지만 예술인은 물론 생활인으로서도 그만한 작품이 금세에 없기 때문이다. 책장 구석에 오래 자리 잡은 구서적 '방망이 깎던 노인'은 문장력을 빼고는 진부한 사고라고 말하는 사람도 있지만 예사 작품이 아닌 것은 분명하다. 작가 윤오영은 이 시대에 무엇보다 필요한 장인정신을 일찍이 의식한 사람이다. 일제 강점기와 전쟁을 거친 먹고 살기조차도 힘든 암울했던 시대에 장인정신을 거론한다는 것은 의식의 안목이다.

 몇 해 전 부엌 수리를 할 때의 일이다. 오래된 캐비닛을 떼어내는 데만도 이틀이 걸렸다. 캐비닛이 못 자국을 찾지 못할 정도로 정교하고 튼튼했다. 어떤 것은 못이 빠지질 않아 도끼로 부숴내야 했다. 인부들의 말에 의하면 일반적으로 두 시간이면 캐비닛을 해체하는데 세 명이나 되는 인부들이 이틀을 안절부절하면서 캐비닛을 떼어내어야 했으니 더 말해 무엇하랴? 몇십 년 전까지만 해도 미국에는 캐비닛에 규격이 없어 목수들이 공간에 맞추어 짜서 달았다. 캐비닛은 나무에 못을 친 뒤 그 위에 래미네이트를 기술적으로 입혀 못을 치지 않은 것처럼 매끈했고 하나의 캐비닛을 통으로 짜서 제작해서 그런지 튼튼하기가 장성 같았다. 맨 마지막 캐비닛을 떼어냈을때 벽 뒷면에 깨알 같은 글씨가 보였다. 캐비닛을 단 사람의 글씨 같았다. 'I am not a carpenter, I take art….' 나는 목수가 아니라 예술가다.

나는 입을 다물지 못했다. 죽은 사람이 살아온 것 같은 싸한 느낌이었다. 훗날 누군가 자신이 만든 캐비닛을 떼어낼 것을 예상하고 쓴 글씨라고 생각하니 등골이 오싹했다. 그는 캐비닛을 만드는 것은 목수 일이 아닌 예술이었던 것, 캐비닛을 짜 달아주는 일에 긍지를 느낀 예술인이다. 스스로 만족할 때까지 가장 멋지게 가장 튼튼하게 끝까지 노력한 장인정신으로 작품을 완성한 것이다. 시대를 뛰어넘은 외침에 우리는 한동안 숙연했다.

　방망이 깎는 노인에게 값을 깎아 달라고 했지만 무뚝뚝하게 거절했던 장인, 집에 돌아갈 차를 탈 시간이 되자 방망이를 더 깎지 않아도 되니 그쯤 해서 적당히 달라고 하니 화를 버럭 내며 재촉하는 사람에게는 방망이를 팔지 않겠다고 했던 예술가, 방망이를 깎다가도 유연한 모습으로 추녀 끝에 구름을 바라보던 노인, 그런 이들이 있기에 멋진 세상이다. 오래된 캐비닛이 사라진 벽 너머에서 그 옛날 예술인을 만난 날, 우리가 누리는 문명과 문화가 거저 주어진 것이 아니라는 것을 다시 한번 깨달았다.

　신은 디테일 안에 있다. 장인정신은 장인에게서만 오는 것은 아니다. 한 땀 한 땀 정성껏 만든 장인의 물건을 귀하게 대하고 사주는 것도 장인정신의 발원지가 되는 일이다. 사람 하나하나가 장인 문화의 몫이다. 나는 캐비닛 벽면에 새겨진 글씨를 지우지 않았다. 벽 너머의 글씨 위에 새 캐비닛을 달며 생각했다. 오랜 세월이 지난 뒤, 누군가는 나처럼 새 캐비닛을 달 것이다. 그때 알게 될 것이다. 예술은 영원한 것이라는 것을.

'I am not a carpenter, I take art….' 나는 목수가 아니라 예술가다.

2부

바람이 지나고 간 자리 위에 일어난 여름꽃

그래島

 그래도 가고 싶다. 나를 기다리고 있을 것 같은 곳, 꿈꾸던 것들이 존재할 것 같은 땅 그래도, 나는 종종 그 섬을 떠올린다. 김승희 시인의 '그래도라는 섬이 있다'라는 시가 있다. 힘든 일이 생기거나 일이 꼬일 때면 기억의 호주머니 속에 접어둔 시를 꺼내 읊조린다.

 "가장 낮은 곳에/젖은 낙엽보다 더 낮은 곳에/그래도라는 섬이 있다/그래도 살아가는 사람들/그래도 사랑의 불을 꺼뜨리지 않는 사람들/세상에서 가장 아름다운 섬"/
  - 김승희 시인 「그래도 라는 섬이 있다」 부분

 그래도라는 섬은 세상에 존재하지 않는 섬이다. 무형 속에 존재하는 상상의 섬이다. 절망의 밑바닥에서 혼자 가는 섬 억장이 무너지고 정신적 가뭄이 최고조일 때 떠나는 섬이 그래도다. 시인의 말처럼 누구나 그런 섬에 살면서 세상의 어느 지도에도 알려지지 않은 섬이기에 신비하고 그립다. 그래도 손만 놓지 않는다면 힘든 시간에도 깊은 강을 건너 빛의 뗏목에 올라서리라.

어떤 삶인들 광풍이 없고 가뭄이 없을까? 그래도 마지막 외줄처럼 잡고 일어서는 자신만의 섬이 있어야 한다. 그래도는 지구상에 존재하지 않는 섬이지만 삶의 한복판에 있다. 원하는 사람은 그래도에 갈 수 있다. 어느 지도에도 없고 어느 바다 위에서도 볼 수 없지만 손을 뻗으면 닿을 수 있는 곳이다.

삶의 속살을 들여다보면 누구나 삶의 비릿한 것들이 묻어 나온다. 그럴 때 떠나던 곳이 그래도다. 그래도 여기까지 왔구나, 그래도 살아 있구나, 그래도 떠날 수 있는 곳이다. 물이 빠지면 보이고 물이 차면 보이지 않는 섬처럼 삶이 소진되었을 때 실낱같이 보이는 것이 그래도의 섬 봉우리. 비록 무화과나무가 무성치 못하며 포도나무에 열매가 없으며 감람나무에 소출이 없으며 밭에 식물이 없으며 우리에 양이 없으며 외양간에 소가 없을지라도 즐거워하고 기뻐하는 곳

그래도다.

  나지막한 불빛이 맞아주는 곳, 가장 밑바닥으로 떨어졌을 때 피신할 수 있는 그래도는 시그니처 섬이다. 인간은 누구나 한 뼘쯤의 땅 그래도를 가지고 있다. 최북극 최남단 그래도는 죽을 병을 남몰래 앓다가 보신하고 일어날 수 있는 마지막 섬이다.

  그래도의 통용 언어는 그래도다. 그래도 당신이 있어 고맙고 그래도 이만한 것이 다행이라고 그래도에서는 그래도로 인사를 나눈다. 아무리 세찬 광풍이 불어와도 그래도를 생각하면 다시 집을 짓게 된다. 마지막까지 절망하지 않고 희망을 붙드는 자는 그래도의 시민이다. 소도 비빌 언덕이 있어야 한다는 말이 있듯이 그래도는 삶에서 마지막으로 비빌 수 있는 섬이다. 섬을 찾는 사람들은 익은 열매를 따먹고 힘을 내어 일상으로 돌아갈 수 있다. 절망과 눈물의 온기로 충전소를 돌리는 그래도. 섬사람들은 잠시 머무는 그래도를 잊지 못한다.

  그래도라는 섬이 있다는 것이 얼마나 큰 용기와 위로일까? 그래도는 쓰러지지 말라고 한다. 삶은 다 그런 것이라고 그래도 일어나 걸어야 한다고 부드러운 물살로 발목을 토닥거려 준다. 사람이 보이고 나무가 보이고 물이 보이는 그래도는 힘든 상황 속에서 나의 어깨를 감싸준다.

그래도에 가 보고 싶다, 그래도 불행 중 다행이라고 그래도 감사해야 한다고 말하며 축 처진 어깨 위에 손을 얹어주는 그래도. 세상에서 가장 아름다운 섬 나의 그래도.

벗어던진 것들에게

 나무들이 곧게 뻗어있는 겨울 숲은 바람의 물결이다. 바람이 불면 가지 끝으로 노를 젓는 맨발의 나무들, 잎을 벗어던진 가지들은 부끄러움도 모른 채 온몸으로 밖을 자처했다. 바람이 세게 불자 나무들이 몸통을 흔들며 운다. 같은 방향을 향해 나부끼고 잦아드는 군무가 자유로워 보이는 것은 왜일까? 눈보라 속에서도 유쾌한 펄럭임은 어디에서 온 것일까?

 숲의 가재도구는 바람과 조금은 식어버린 햇살, 궁색한 살림인데도 나무 하나하나가 부유한 참이 되었다. 옷 한 벌 없는 맨발에 충천한 기세, 나무는 저마다 손을 가지고 있다. 비와 햇빛과 구름을 부르는 손목은 구걸하지 않는다. 썩은 가지를 바람에 스스로 쳐내는 일에 골몰할 뿐, 몸도 성치 않은데 곁 나무를 부축하고 겨울을 나는 나무도 있다. 모두 벗어던졌다. 빼앗는 자도 없다. 모자를 쓰거나 장갑을 낀 자도 없다. 벗어던진 것들이 손을 잡고 한 치의 허물도 남지 않게 힘을 합해 털어버린다. 곁 나무가 사경을 헤매면 생이 얼마 남지 않음을 알면서도 어깨를 내어준다.

그들의 생존법은 때를 기다리는 것이다. 손과 손이 몸과 몸이 스크럼을 짜 스스로 벗어던져 버리는 것이다. 그들의 생활언어는 자랑도 부끄러움도 아니다. 벗어던진 힘으로 겨울을 다독이면서 머무르지 않고 또 다른 푸르름을 위하여 푸르름을 벗어던진 용사들은 궁핍한 살림에도 작은 새 한 마리 쫓아내지 않는다. 초연한 것들은 서두르지 않는다. 연하고 부드러운 연두가 말을 시작하면 봄이 시작될 것이다.

겨울을 벗어던진 것이 봄이고 봄을 벗어던진 것이 여름이다. 벗어 멀리 내던져 버린 것들은 시작이 된다. 발목에 차고 있던 무거운 모래주머니를 벗어던진 겨울 숲, 나는 이토록 환하고 맑은 손을 잡아 본 적 없다.

사유하는 나무

 식어간다는 것처럼 쓸쓸한 것이 있을까? 계절이 그렇고 사랑이 그렇고 추억이 그렇다. 절절하고 뜨거웠던 것들의 사그라짐, 영원할 것 같았던 것들의 돌아섬, 젊음이 그렇고 인생이 그렇고 사랑이 그렇다.

 가을이 익어간다. 도시의 가을은 코트 깃을 세우고 주머니에 손을 꽂고 걸어가는 사람들을 고독하게 보이게 한다. 하루가 다르게 식어가는 기온을 느끼며 몸을 움츠리고 걷는 사람들. 인간에게 가장 직접적이고 원초적인 것이 온도인지라 여름이 지나면 뉴욕에도 서늘한 가을과 더불어 쓸쓸함이 밀려온다. 식어버림 속에서 나이를 생각하고 첫사랑을 그리워하고 인생을 돌아보며 후회하기도 하고 눈물짓기도 한다. 식어가는 것은 순리이다. 식어감에 방황하는 것이 인간이다.

나뭇잎이 떨어지는 것을 보며 겨울을 예측하고 그다음 계절을 상상하는 것은 즐거운 일이다. 너머를 보면 계절을 놓아줄 수 있다. 바람도 없는데 스스로 떨어지는 나뭇잎을 보라. 떨어지는 것이 아무것도 아닌 것처럼 떨어진다. 어떤 나뭇잎은 가지 꼭대기에 매달려 몸서리치면서도 붙어 있다가 바람이 세게 불면 밀려 떨어진다. 떨어질 듯 떨어질 듯 흔들리면서도 겨울이 끝나도록 나뭇가지에 매달려 있는 잎도 있다. 그 모든 모습을 데리고 가을은 식어간다.

　서재에 난 큰 창문을 통해 가을이 익어가는 모습을 지켜보는 것은 큰 기쁨이다. 아직은 푸른 잎들이 숲을 메우고 있다. 손톱 끝에 물들인 봉숭아 물처럼 나무 끝에 매달린 단풍도 있다. 바람이 불면 우수수 떨어지는 자연스러운 사그라짐을 보면서 '사유하는 나무'라는 이름을 지어준다. 내가 태어나기 훨씬 이전부터 사유하며 산 자가 나무이다. 인간보다 먼저 바람을 알았고 인간보다 먼저 계절을 깨우쳤다.

　가을의 서막에서 겨울을 보고 그 너머 봄을 보고 있는 것이 나무이다. 사람보다 시야가 넓고 생각도 깊어서 참고 기다릴 줄 안다. 식어가는 날씨와 떨어지는 낙엽을 보며 사람들은 쓸쓸하다고 아우성인데 계절의 행간에서 식어갈 채비를 하고 있지 않나? 자신을 내어 주는 연습을 하는 나무를 보면 가슴이 먹먹해진다. 몸이 욕망이었다는 것을 깨닫고 더운 것들을 삭히고 있는 나무. 귀도 없는 것들이 흐르는 바람 소리가 리듬인 듯 춤을 춘다. 비워가면서도 손과 손을 놓지 않는다. 모두가 떠난 자리에서 숲을 지킨다.

버릴수록 만조가 되어가는 나무는 뿌리의 단단한 심지를 붙들고 겨울을 건널 것이다. 식어감에 슬퍼하는 자들이여, 입 없는 나무들을 보라. 발도 없는 것들이 사유를 전복하고 있다.

거짓말보다 무서운 오독

　사람 한 명 없는 거리는 사각형의 링보다 황량하다. 어둠을 뭉쳐놓은 것 같은 새벽 4시, 밤과 새벽 사이 지나가는 자동차 불빛에 얼굴을 찡그리며 힘겹게 목적지를 향하고 있다. 뒤에서 따라오는 차들이 답답한지 내 차를 앞질러 간다. 얼마쯤 달렸을까? 백미러 뒤로 불빛 하나가 들어왔다. 불빛이 한동안 내 뒤를 따라왔다. 멈춰 서면 저도 멈춰 서고 달리면 저도 따라 달렸다. 신호등에 멈춰 설 때면 공포가 밀려온다. 차에서 복면을 쓴 괴한이 튀어나와 위협할지도 모른다는 생각에 나도 모르게 조급해져 액셀 위에 발을 올려놓는다.

　속력을 줄여 차를 갓길에 세웠다. 의도가 있는 사람이면 따라 멈춰 설 것이고, 아니면 제 갈 길을 갈 것이라 생각했기 때문이다. 내가 멈춰 서자 뒤따라오던 차가 잠시 멈추는가 싶더니 부웅~ 소리를 내며 나를 앞질러 갔다. 어둠 속을

총알처럼 빠져나가는 차를 바라보며 나는 그제서야 가슴을 쓸어내렸다. 왜 사람을 두려워했던가? 누군지도 모르면서 왜 의심했던가?

두려움은 스스로 만든다고 했다. 추리 소설 작가는 작품 안에 섬세하게 정제된 심리를 그려 놓을 뿐이고 두려움은 독자가 만든다. 그날 나는, 상황과 어둠이 그려낸 그림 속에서 혼자 의심하고 두려움을 증폭시켰다. 사람들은 그날의 어이없는 이야기를 들려주면 그래도 조심해야 한다고 말한다. 뒤에 오던 차는 한 번도 나를 위협하지 않았고 가던 길을 갔을 뿐인데, 오른쪽으로 가야 목적지에 도착할 수 있기에 오른쪽으로 커브를 틀었던 것이고 달려야 할 사정이 있었기에 달렸던 것뿐인데 시종일관 나는 뒤차를 의심했다.

계용묵의 「구두」라는 수필이 떠오른다. 수선한 구두에 두 개의 큰 징이 박히면서 주인공은 어처구니가 없는 일을 당하게 된다. 어느 날 밤, 주인공은 수선할 때 박힌 금속으로 신발을 신고 걸을 때마다 또그닥 또그닥 말발굽 소리를 내며 젊은 여자의 뒤를 걷게 된다. 여자는 괴한이 자신을 따라온다고 생각했다. 여자가 자신을 두려워한다는 것을 안 주인공은 여자를 안심시키려고 더욱 빠른 걸음으로 여자를 앞질러 갔다. 그럴수록 여자의 걸음이 빨라졌다. 인적 드문 길 위에서 두 음향의 속 모르는 싸움, 조금만 더 걸으면 여자를 앞지르게 되었을 때, 여자는 급히 옆 골목으로 몸을 피했다. 주인공은 차라리 다행한 일이라고 한숨을 쉬면서도 본의 아니게 영원한 불량배로 기억될 것을 슬퍼했다. 그날로 주인공은 남에게 두려움을 주는 구두의 징을 뽑아 버린다.

　왜곡처럼 서글픈 것이 없다. 소통의 왜곡은 더 통감할 일이다. 현대인들의 일그러진 소통이 선의를 악의로 오독하게 한다. 거꾸로 읽고 있다는 것은 슬픈 일이다. 한 사람은 사랑했지만, 또 한 사람은 증오라고 믿는다. 혼신을 다해 도와주었는데 어떤 이는 훼방 놓았다고 말한다. 어떤 이는 과거라고 하고 또 어떤 이는 지금도 진행 중이라고 한다. 오독誤讀은 거짓말보다 무섭고 독하다.

소생과 소멸의 이중구조

연두가 신록으로 변하는 유월이다. 나무가 가지와 가지 사이, 잎과 잎 사이의 틈을 메꾸며 커진다. 수줍던 나뭇잎들이 뻣뻣해지며 물러나지 않을 것 같은 여름이 온다.

새 한 마리가 머리 위를 빠른 속도로 지나간다. 순식간에 벌어지는 일에 위를 올려다보니 하늘이 맑고 청아하다. 여름이 익기도 전에 떨어진 잎은 무슨 연유가 있을까? 죽음을 감지하는 속도가 빠르다. 살아있음이 죽어감을 애도하는 것도 저렇듯 순간적인 것일까? 누구도 나뭇잎 하나 떨어진 것에 대하여 관심 없지만 삶과 죽음의 이중구조, 그 생성과 소멸은 본시 한줄기가 아닐까?

한 무더기 바람이 죽어야 한 무더기 바람이 소생하는 것처럼 한 음이 소멸하여야 한 음이 살아나 음악이 되듯 소멸과 생성의 관계는 쓸쓸하고도 명쾌한 것이다. 살아 있어도 산 것이 아니고 죽어 있다고 죽은 것이 아니다.

크낙산 골짜기가 온통/연녹색으로 부풀어 올랐을 때/그러니까 신록이 우거졌을 때/그곳을 지나가면서 나는/미처 몰랐었다/뒷절로 가는 길이 온통/주황색 단풍으로 물들고 나뭇잎들/무더기로 바람에 떨어지던 때/그러니까 낙엽이 지던 때도/그곳을 거닐면서 나는/느끼지 못했었다//이렇게 한 해가 다 가고/눈발이 드문드문 흩날리던 날/앙상한 대추나무 가지 끝에 매달려 있던/나뭇잎 하나/문득 혼자서 떨어졌다//저마다 한 개씩 돋아나/여럿이 모여서 한여름 살고/마침내 저마다 한 개씩 떨어져/그 많은 나뭇잎들/사라지는 것을 보여 주면서//

- 김광규 「나뭇잎 하나」 전문

나뭇잎처럼 태어나 한여름처럼 우거져 살다가 혼자 돌아가는 것이 인간이다. 한 개의 잎처럼 돋아나 떨어질 것을 알면서도 어우러져 살 수밖에 없는 인간은 나뭇잎 같은 존재이다. 신록이 우거진 청춘이나 단풍잎 같은 중년에는 알지 못한다. 이 악다물고 매달려 있던 나뭇잎 하나가 떨어질 때야 비로소 생명을 인식하는 것처럼 존재여 소멸이여! 우리 살아 있다.

떨어진 잎을 주워 손바닥 위에 놓는다. 산 것을 읽으려면 사라져가는 것을 읽어야 하리니 생성 속에 소멸이 내재하고 소멸 속에 소생이 있다. 소멸은 끝남을 말하는 것이 아니다. 의미있는 멈춤이다. 현재이면서도 과거이고 복합적 미래이다. 사라지므로 얻어지는 것들이 우리를 슬프게도 하지만 삶은 눈부신 것, 떨어진 잎 하나가 잠든 영혼을 깨운다. 잎 하나를 버리고도 무성하게 우거지는 여름, 바람이 지나고 간 자리에 여름꽃들이 일어선다.

산을 통독한 길

 밤을 털어낸 풀들을 딛고 아침 산등성이를 오른다. 이슬 이불을 덮은 풀들이 발밑을 적신다. 매일 오르는 산인데도 오늘따라 새롭다. 산은 언제나 나를 설레게 한다. 산의 언어는 단순한 듯 방대하고도 세세하다.

 산은 한 권의 책이다. 수억 년 전부터 전해 내려오는 신비한 교과서, 산을 온전히 통독한 자 몇이나 될까? 삶의 어디쯤 산의 갈피는 펼쳐져 있다. 한 페이지 두 페이지 읽어 내리는 마음으로 산을 오르면 가슴이 벅차오른다. 누가 산을 고요하다고 했던가? 누가 산에 오르면 새소리 바람 소리뿐 아무 소리도 들리지 않는다고 했던가? 산의 언어에 이렇게 귀가 서는데 누가 산을 평화로운 침묵이라고 말했나?

 산에서는 사람들이 지나간 곳이 길이다. 많은 사람이 지나가면 큰길이다. 산을 오르다가 길을 잃으면 큰길로 가야 한다. 큰길은 많은 사람이 지나간 길이기에 길을 쉽게 찾을 수 있기 때문이다. 하산할 때는 오름길이 내리막길이 된다. 삶도 그런 것이리니 출세의 가도를 달린다고 좋아할 것이 아니고 내리막길을 만나도 슬퍼할 일만은 아니다. 가파른 내리막길도 돌아서면 오름길이 되기 때문이다.

큰길을 지나고 언덕이 보인다. 언덕을 오르는 계단의 감촉이 부드럽다. 발밑을 내려다보니 노출된 나무뿌리가 계단이 되었다. 뿌리를 계단처럼 밟으며 산을 오른다. 나무뿌리 계단은 오를 때보다 내려올 때 진가를 발휘한다. 오래 짓밟힌 듯 닳아 있는 뿌리를 조심스레 딛으며 산을 내린다. 나뭇잎 사이로 햇살이 쏟아진다. 숲이 환해진다. 산에서는 모두가 자리를 안다. 붉은 꽃이나 흰 꽃이나 큰 나무나 작은 나무나 더하지도 감하지도 않는다. 걸맞지 않은 것이 없다. 어느 것 하나 튀지 않는다. 모두 한데 어우러져 섞여 있다. 비도 바람도 안개도 달빛도 어우러져 나무를 키우고 풀잎을 키운다. 먼저 핀 꽃은 먼저 지고 나중 피는 꽃은 나중에 진다. 순한 질서여, 불평도 보복도 하지 않는 순응의 봉우리여, 산은 고요한 언어를 가진 입술이다. 하늘의 언어로 큰 말을 던지는 우주의 귀다. 시간 속에서 관계를 다져 온 산에 길이 있다.

꼭대기에 오르면 세상이 삭게 보인다. 집도 자동차도 건물도 겸손하고 작다. 개미보다 작은 것들을 쟁취하기 위하여 우리의 하루는 얼마나 고단하고 불안했나? 높이 오를수록 길이 훤해지고 세상이 분명해진다. 파란 하늘로 이어지는 또 하나의 길이 보인다. 뜨겁게 사느라 하늘 한 번 바라보지 못하며 살았다. 내리막길에 부러진 나뭇가지들이 나무 아래 쌓여 있다. 흙으로 돌아가기 위해 무르익는 중이다. 이 길을 지나면 마을로 가는 길이 보일 테지, 높은 곳에서 보았던 길이 비로소 길이 된다.

무인武人의 입을 가진 문인文人

 글을 쓰는 작가로서 시대의 문장가와 동시대에 살고 있다는 것은 커다란 행운이다. 김훈, 조사 한 자로 삶의 맥을 짚어주는 작가, 그의 작품은 군더더기 없는 주어와 동사로 삶의 거품을 시원하게 날려버려 준다. 명징하고 단호하다. 냉엄하고 담담한 어조로 삶을 이야기할 때면 나는 자유로운 영혼이 된다. 문장의 힘이고 사유의 힘이리라. 생生과 사死, 현실과 미래가 업보처럼 느껴질 때도 있다. 문장이 선물하는 여백의 황홀함, 사람에게서나 문장 속에서 간격이 보일 때 나는 전율한다. 『칼의 노래』를 처음 읽었을 때의 설렘을 지금도 기억한다. 1598년 전사한 이순신 장군을 살아있는 인간으로 복원시켜 호흡을 불어넣은 듯 숨을 쉬게 한 문체가 400여 년이 지나 우렁찬 목소리를 낸다.

 작가는 "버려진 섬마다 꽃이 피었다"라는 첫 문장을 위해 일주일을 고심했다. 원래는 "꽃은 피었다"라고 썼는데 며칠 후 담배 한 개비 피우며 고민 고민 끝에 "꽃이 피었다"로 고쳐 썼다. 그것도 흡족하지 않아 일주일 내내 조사 바꿔쓰기를 거듭했다. 조사 한 자를 선별하기 위해 얼마나 고민했으면 조사가 없는 나라에서 태어나고 싶다고 했을까? 조사를 어떻게 쓸 것인가에 대하여 피가 마르게 고민하는 작가가 있을 때 문학과 독자는 풍요로워진다. 그런 문장가와 동시대에 살고 있다는 것이 행복하다. 조사는 용을 그린 후에 마지막으로 눈동자를 그려 넣는 행위, 화룡점정畵龍點睛이다. 조사 하나로 문장의 완성을 이루는 것이다.

삼엄한 문장을 좋아한다. 김훈은 그런 문장을 이순신 장군의 『난중일기』에서 읽었다고 했다. 패전 소식이 육지로부터 전해오는 날 "나는 밤새 혼자 앉아 있었다"라고 쓴 '난중일기'를 읽으며 만 가지 형용사와 수사학을 동원해도 그러한 문장을 당할 도리가 없다는 것을 깨달았다. 전율이 인다. 문인이면서도 무인의 입술을 닮은 소름이 끼치는 문장. 수사, 형용사, 부사를 거부한 칼이 세상을 가르고 지나간다. 세상은 그럴 때 잘 익은 수박처럼 쩌억~ 소리를 내며 갈라진다.

문학은 인간의 의식주보다 높은 곳에 있지 않다. 문학 하는 사람들은 문학의 맨 하위에서 역할이 있다. 뜬구름 잡는 소리 하지 말자. 섬뜩하리만치 명료한 문장으로 본질을 찌를 때 문장에서 풍겨오는 피 냄새를 나는 미치도록 사랑한다. 수사학 따위는 개나 줘버려라.

쇠젓가락의 힘

쇠젓가락을 바라보노라면 힘이 솟는다. 쇠젓가락을 쥐면 어머니의 배 속처럼 편안하다. 열쇠를 쥔 듯 세상 어느 문이라도 열 수 있을 것 같다. 젓가락을 사용하는 우리 민족에게 젓가락이 아니었다면 무엇으로 밥을 먹었을까? 쇠젓가락이 반찬을 살포시 집어 들었을 때의 맑은 떨림, 음식은 떨림과 함께 맛을 전달한다. 포크로 찍어서 음식을 입안으로 밀어 넣는 것과는 비교가 되지 않는다.

한국 민족은 젓가락 중에서도 쇠젓가락을 사용하는 민족이다. 쇠젓가락 사용에 대한 자존감을 느낀 것은 미국 생활 30년이 지난 후다. 근 40여 년을 해외 생활을 하면서도 나는 젓가락에 대하여 깊이 생각해 본 적이 없다. 나에게 젓가락은 음식을 먹기 위한 도구였을 뿐이고 젓가락을 사용하게 된 이유는 한국 사람이었기 때문일 뿐이었다.

집고, 찢고, 젓고, 해체하고, 섞는 지혜로 산다는 것은 선별된 축복이다. 목표물을 찍어내지 않고 들어 올린다는 것의 부드러움과 민첩한 능력이 세계를 사로잡는 K문화의 원천이 되었다고 해도 과언은 아니다. 쇠젓가락질은 한국인으로 하여금 본질을 찾게 해 준 아날로그이다. 젓가락 한쪽으로 감자를 찍어 먹는 사람도 있는데 쇠젓가락을 포크처럼 사용하는 것은 쇠젓가락의 힘을 반만 사용한 것이리니 나는 두 개의 쇠 지팡이의 힘을 온전히 사용하고 싶은 쇠젓가락의 신봉자이다.

얼마 전 친지들과 함께 야외에 놀러 간 적이 있다. 준비한 음식들을 먹으려 하는데 일행 중 누구도 젓가락을 준비해 온 사람이 없었다. 우리는 친지 중 한 명이 준비해 온 일회용 포크로 밥을 먹었다. 고기도, 나물도, 고기쌈에 얹혀 먹는 쌈장도, 플라스틱 포크로 찍어 먹었다. 똑같은 고기와 나물임에도 맛이 나질 않았다. 친지 중 한 명이 근처의 나뭇가지를 꺾어 젓가락을 만들었다. 우리는 나뭇가지를 꺾어 만든 어설픈 젓가락으로 반찬을 집어 먹으며 공원이 떠나가도록 웃었다. 쇠젓가락만큼은 아니지만 손가락의 감각을 전달받아 혀 위에 맛을 얹혀 주는 자연 젓가락이 고마웠다.

젓가락을 사용하는 사람들과 포크를 사용하는 사람들이 함께 사는 세상이다. 포크를 사용하는 사람들은 젓가락을 사용하는 사람들의 맛을 알지 못하고 젓가락을 사용하는 사람들은 포크를 사용하는 사람들의 맛을 이해하지 못한다. 나무젓가락을 사용하는 사람은 쇠젓가락의 힘을 가늠하지 못한다. 본질을 품고 가려는 사람들과 본질을 찍어내려는 사람들의 살아가는 법은 이렇듯 다르다.

우리는 '가정교육을 어떻게 받았길래 젓가락질 하나 제대로 못하느냐?'라는 말을 종종 한다. 젓가락질 하나로 가정교육을 운운하는 것을 보면 한국인에게 젓가락질은 많은 것을 의미한다. 젓가락질은 손으로 사람 '人'자를 잘 그려야 제대로 사용할 수 있다. '사람답게 살라'는 라는 말이다. 집게손가락과 중지가 힘을 잘 분배하고 협력하여야 젓가락을 제대로 사용할 수 있다. 아래 젓가락은 엄지와 집게손가락 사이에 놓고 약지로 잘 받쳐 주어야 한다. 다섯 손가락이 분수를 지키고 힘을 분배해야 맛있는 음식을 먹을 수 있다. 인간의 오감 중 가장 예민한 촉감을 손가락으로부터 전달받는 것에는 쇠젓가락이 최고다. 집고, 찢고, 젓고, 분리하고, 융합하는 일에는 생애가 들어있다.

쇠젓가락은 나무젓가락과 달리 온도를 가지고 있다. 쇠젓가락에서 전해지는 미열, 그것이 '정情'과 상통하는 것일까? 정情이라는 말은 한국인 외에 세상 어느 민족에게도 없는 단어이다. 쇠젓가락질에서만 축출할 수 있는 언어가 '정情'이다. 쇠젓가락에서 느껴오는 맑은 떨림과 온기는 세상의 공명이 될 수 있다.

뜻을 세우다

 연어는 거슬러 올라가는 것을 두려워하지 않는다. 높은 강둑을 뛰어넘다가 돌에 찔려 새의 밥이 된다고 할지라도 뜻을 꺾지 않는다. 강을 거슬러 오른 연어의 모습은 고향에 도착할 즈음이면 살점이 반이나 떨어져 나가고 비늘이 벗겨져 만신창이가 된다. 그러나 연어는 행군을 멈추지 않는다. 강을 거슬러 올라 몸속의 단백질을 소진한 상태로 알을 낳은 후 강 밑 자갈을 파내고 자갈 위에 알을 부화하고 부화한 알들이 포식자들의 먹이가 될세라 파낸 자갈을 죽을힘을 다해 다시 알 위에 덮는 회귀의 물고기. 거사가 끝나면 연어는 상처투성이가 된 몸으로 한 치의 후회도 없이 허연 배를 수면에 띄우고 생을 마감한다.

 연어의 생은 극적이다. 민물에서 태어나 바다로 떠나 사는 것도, 고향의 물맛과 냄새를 잊지 않고 다시 강을 거슬러 올라 고향으로 회귀하는 본능도, 고향에서 알을 부화하고 결국은 죽음에 이르는 결말도 충분히 드라마틱하다. 그런 연어의 생에서 희망과 허무함을 동시에 느끼는 카타르시스는 무엇 때문일까? 인간의 모습을 닮았기 때문이다. 닮고 싶기 때문일 수도 있다. 연어의 삶은 순간순간이 '의미'이다. 생명을 위한 죽음조차도 '뜻'이다. 뜻이 연어로 하여금 거센 물살과 죽음을 두렵지 않게 한 것이다. 연어에게 뜻은 길이었다.

산 물고기는 흐르는 물을 거슬러 올라가고 죽은 물고기는 물결을 따라 움직인다. 산 물고기는 물결을 거스르고 순응하면서 목표를 향해 헤엄쳐 가지만 죽은 물고기는 물길을 따라 흘러갈 뿐이다. 물결에 밀려다니다가 썩어 없어지거나 밥이 된다. 이처럼 산 것과 죽은 것의 차이는 '뜻'이다.

'뜻이 있는 곳에 길이 있다'라는 말이 있다. 현대인들에게 케케묵은 격언이 주는 의미는 크고 엄중하다. 크고 거창해야만 하는 것은 아니다. 어쩌면 작고 사소한 것이 뜻인지도 모른다. 진리와 정의가 뒷받침되는 것이어야 한다. 깨어있는 의식과 인내가 속뜻이어야 한다. 불질이 아니면 묵인당하고 소소하면 무시당하는 사회에서 '뜻'은 힘이다. 뜻을 발견하는 자는 성공한 자다. 의미가 존재의 본질이기 때문이다. 강을 거슬러 올라 생명을 부화한 뒤 죽음에 이르는 연어처럼 의미가 될 수 있다면 얼마나 좋을까? 뜻이 사라진 패망의 성에 사는 고독한 군주들이여, 백절불굴百折不屈은 삶의 힘 있는 도전이다.

은은예찬 禮讚

 도종환 시인은 노래했다. 은은한 것 아래에서는 짐승마저 순한 얼굴로 돌아온다고. 은은함이 강물이 되어 흘러가는 꽃길을 따라 그런 빛깔로 흘러갈 수 있다면 좋겠노라고. 사랑하는 이의 손을 잡고 은은하게 물들어 갈 수 있다면 바랄 것이 없겠노라고.

 나이 먹어갈수록 은은한 것이 좋아진다. 튀는 색보다 은근한 색이 좋고 똑 부러지는 말투보다는 끝이 연한 줄임표에 감동한다. 시로 묻고 시로 대답했던 옛사람들, 현대인들에게 은은한 것들은 어디로 간 것일까? 영화를 보면 주인공은 기억해도 엑스트라를 기억하는 사람은 없다. 주인공이 영화의 내용을 이끌어가는 사람이라면 엑스트라는 분위기를 만들어 주는 역할이다. 분위기를 느끼지 못하면 영화를 이해할 수 없음에도 사람들은 엑스트라는 기억하지 않고 주인공만 각인한다.

  나의 어머니는 작은 꽃을 좋아했다. 작은 꽃에 대한 애착은 어머니의 옷에서도 마찬가지였다. 잘잘한 꽃무늬의 산들바람 같은 주름, 언제나 은은한 색이었다. 어머니는 철저한 엑스트라였다. 이북에서 월남해 자수성가하신 아버지의 안 보이는 뒷배경이었고 자식들의 뒷장면이었다. 없는 듯 있는 듯 평생을 사셨던 어머니의 저력을 어머니 나이가 되고서 알았다. 작고 자잘한 꽃을 보면 고개를 숙여 향기를 맡으셨던 어머니. 아무리 작고 지나치기 쉬운 꽃이라 해도 어머니는 소중하게 들여다보셨다. 작은 것들이라 할지라도 키를 낮추고 눈을 맞춰줄 때 꽃이 된다는 것을 알고 계셨던 것이다,

  나는 은은한 것들의 빛남을 좋아한다. 은은함에는 눈부심이 있다. 은은한 사람을 만나면 탄광에서 보석을 채취한 듯 설렌다. 은은함에는 엷은 섬광이 숨어 있다. 내면이 보인다. 연한 냄새도 있다. 인간의 육감 중 뇌와 가장 가까운 감각이 후각이다. 삶의 기억들은 냄새다. 젊음도 냄새고 추억도 냄새고 사랑도 냄새다. 은은한 내음이다.

필라델피아에 사는 아들네를 방문한 적이 있다. 남편과 함께 아침 산책으로 가로수가 길게 늘어진 길을 따라 걷는데 어디선가 좋은 향기가 풍겨왔다. 아카시아 향기 같기도 하고 라임 향 같기도 한데 근원을 찾을 길 없었다. 주위를 둘러보아도 향기가 날 만한 꽃이 없었다. 냄새가 짙거나 꽃이 크면 한눈에 찾아낼 수 있을 텐데 향기는 바람이 불면 살며시 코끝을 건드려 주고는 사라졌다. 돌아오는 길, 공원의 정원사가 장미를 손질하고 있었다. 정원사에게 향기의 근원을 물어보니 린덴츄리, 보리수라고 했다. 공원 길을 따라 심어진 보리수나무가 냄새의 범인이다. 보리수는 큰 나무다. 잎이 넓찍하여 꽃이 보이지 않는다. 보리수의 커다란 잎을 들추어 보면 작디작은 꽃망울들이 모여 꽃을 이루고 있다. 향기가 있는 꽃들은 거의 작다. 자그마한 꽃에는 은은한 냄새가 있다. 라일락이 그렇고 보리수가 그렇고 아카시아가 그렇다. 조촐함에서 우러나오는 향기가 수줍은 듯 나뭇잎에 숨어 작은 눈으로 세상을 본다. 향기로 말을 건다. 곡선이다. 보색補色보다 여색 대비餘色對比다. 음표라기보다 쉼표다. 보일 듯 말 듯 작은 것에서 스며 나오는 향기, 그 은은함을 나는 사랑한다.

이기적인 발문跋文

 갓 등단한 시인이 내게 물었다. 누구를 위해 글을 써야 하느냐고. 나는 나를 위해 글을 쓰노라 대답했다. 나를 위해 맛있는 음식을 만들어 먹듯이 詩를 쓴다고 했다.

 내가 맛있어야 남에게도 맛있는 법이다. 내가 못 먹는 음식은 남들도 못 먹는다. 나를 위해 정성 들이지 않은 음식을 어찌 남에게 권할 수 있을까? 욕하지 마라. 나는 나를 위해 글을 쓰고 시를 쓴다. 나의 고통을 달래주는 것이 나의 글쓰기인지라 나는 글쓰기로 소통하고 글쓰기로 나를 위로한다. 나를 위해 밥을 짓듯이 글을 쓴다. 펄떡펄떡 뛰는 언어들을 건져 올리려 안달하는 이유도 나 때문이고, 건져 올린 언어의 비늘을 털어 배를 가르고 내장을 발라내고 피를 씻는 것도 나, 때문이다.

무라카미 하루키는 어느 인터뷰에서 "나는 누가 부탁해서 쓰는 게 아니라 내가 쓰고 싶어서 쓰는 거예요. 누가 해달라고 한 게 아니라 자신이 먹고 싶어서 튀김을 만드는 것처럼요. 부엌에서 튀김을 올리고 있다고 생각하면 어깨의 힘이 빠지면서 상상력이 나오기 시작하죠. 그러면 술술 글이 풀려요"라고 말했다. 솔직한 고백이다. 인간은 자신을 위한 일일 때 가장 섬세해진다. 나의 일일 때 힘이 나고 나의 것일 때 변용을 꿈꾼다. 인간은 자신을 위한 것일 때 높이 타오를 수 있다. 내 속에 불길이 일어나면 불은 혼자 타오르지 않는다. 타오르며 바깥 어딘가로 번지기 마련이다.

사람들은 내게 왜 글을 쓰느냐고 묻는다. 어떤 이는 자신의 글을 기다리는 독자들을 위해 책을 펴낸다고 하지만 나는 '나를 위해 글을 씁니다.'라고 대답할 것이다. 내가 쓴 글이 독자들의 입맛에 맞을지는 의문이다. 음식이 혀에서 겉도는 것은 아닌지, 뱉어내고 싶은 음식은 아닌지, 그러나 주방 뒤에 숨어 손님들의 반응을 살피는 비겁한 요리사는 되기 싫다. 매운 것은 아닌지, 짠 것은 아닌지 주경야독 살펴야 하거늘 글을 쓰는 이 무서운 행위가 나를 위해 저지르는 일이라니 우매함의 극치여.

이민의 삶에서 내 모습이 아닌 다른 모습으로 살았다. 죽고 싶지 않아 글을 썼으니 용서하시라. 일상으로 마비된 슬픔과 기쁨이 가엾어 살려내고 싶었다. 내면에 깔린 무의식의 에너지로 의식을 흔들어 깨어나고 싶었다. 내게 글은 살아 있음의 증거다. 그 증거가 오만하지 않기를 기도한다. 조미료를 치지 않아 재료 자체의 맛을 선명히 알 수 있는 음식이길 소망한다. 내가 만든 음식을 먹고 배탈 나는 사람이 없기를 바란다. 나의 이기적인 발문이 보잘것없는 나에 대한 해명이니 변명이라 할지라도 용서하시라.

The Mother Road

 지금도 기억한다. 터키 보드룸 해변가에서 익사체로 발견된 시리아 난민 소년 쿠르디의 마지막 모습을 떠올리면 가슴이 저며온다. 모래밭에 귀를 대고 쓰러져 바닷물결을 온몸으로 맞으며 세상의 소리를 듣던 다섯 살 난 아이, 사람들은 파도에 밀려 해변가에 쓰러져 죽어 있는 모습에 경악했다. 어린 귀를 모래에 댄 채 숨져 있던 쿠르디를 생각하면 목구멍에 밥이 넘어가지 않는다. 무슨 세상이 죄 없는 아이를 죽음으로까지 내몬 것인지 참혹하기 그지없다. 대항한 흔적이라고는 털끝만치도 없는 아이기에 슬프고 안타깝다. 자유가 무엇이길래 목숨까지 내걸고 고국을 등진 것일까? 용서하라. 자유가 뭐 대수인가? 목숨 앞에서 자유는 사치일 뿐이다. 난민 수용소에서는 동물들에게 먹이를 주듯 마구잡이로 던져주는 빵을 난민들이 아우성치며 받아먹는다. 목구멍으로 뜨거운 것이 올라온다. 목적지도 없고 반겨주는 자도 없지만 국경을 넘어 살길을 찾아야 하는 그들에게 이념을 말하지 말자. 존엄을 포장하지도 말자. 고무보트에 매달려 바다를 표류하는 것은 생존의 절실 때문, 자유 이전에 생존이 있다.

존 스타인벡의 『분노의 포도』 소설에는 착취와 불공평을 견디지 못해 집과 땅을 버리고 고향을 등진 오클라호마 시골뜨기 오키Okie들이 나오는데 생존을 위한 대장정을 시작한다. 땡볕 쏟아지는 66번 국도를 타고 포도가 탐스럽게 익어가는 서부의 대평원을 향해 달린 것은 생존을 위함이었다. 털털거리는 트럭에 가족을 싣고 꿈의 땅으로 향하는 실향민들에게 66번 도로는 살기 위한 길이었다. 생존을 위한 이주 행렬의 도로를 사람들은 'The Mother Road'라고 불렀다.

The Mother Road에는 밀어내거나 철조망을 치는 이가 없었다. 그들이 도착한 캘리포니아 그곳에도 왜 가난과 차별이 없었겠는가? 폭력이 난무하고 굶주림과 착취가 횡횡하는 세상에서 실향민들은 자유의 삶은커녕 생존을 염려하며 살아야 했을 것이다. 어떤 이념도 배고픔보다 절실하지 못하다. 허기를 이기려고 석회 덩어리를 먹는 자식을 보고도 말릴 수가 없었고 가슴 저 밑바닥부터 분노가 이글거려도 살아야 했다. 오죽하면 아기를 사산하고 실성하다시피 여자는 헛간에서 굶주림으로 죽기 직전인 남자 노동자에게 자신의 퉁퉁 부은 젖을 물렸을까? 목숨이란 숭고한 것이다. 무엇과도 바꿀 수 없는 것이다. 자유가 어떻고 꿈이 어떻고 이념이 어떻고 판단하지 말라. 목숨은 인간 가장 밑바닥의 뜨거운 본성이면서 최후의 보루이다.

감청색 반바지에 빨간 티셔츠를 입은 크루디의 창백한 얼굴과 작은 몸뚱이에 파도는 무심한 듯 밀려왔다가 밀려갔다. 인형처럼 작았던 아이는 모래에 귀를 묻은 채 숨을 거두었지만 바다새들은 아이의 마지막 말을 들었을지 모른다. '들어보고 싶어요. 무슨 세상이 이런지. 목숨 하나 살리지 못하는 세상이 도대체 무슨 세상인가요?'라고 묻는 것 같다.

쿠르디는 죽지 않았다. 우리가 모르는 어딘가에 지금도 존재하고 있다. 자유를 찾는다고 풍요를 원한다고 목숨을 담보 내놓은 난민과도 같은 삶을 사는 이들에게 진정한 The Mother Road는 없는 것일까? 자유와 풍요는 고사하고서라도 생존을 위해 뚫린 길은 있어야 할 것 아닌가?

분노가 포도처럼 익어가는 여름이다.

망각을 휘저으며

 그 시절 버스 정거장 앞 겨울 햇살을 등지고 풀빵을 굽던 아저씨는 지금 어디서 무엇을 하고 있을까? 양은 주전자에 담긴 묽은 밀가루 반죽을 빵틀에 부으면서 환하게 웃던 아저씨, 버스에서 내리면 빵 굽는 냄새가 진동했고 아저씨는 발을 동동 구르며 아이들에게 봉지 가득 풀빵을 넣어 주었다. 하얀 입김이 찬 공기에 번져나가 겨울밤이 따뜻했다.

 버스 정거장 앞 풀빵 아저씨의 웃음처럼 번져오는 것들이 어디 그것뿐인가? 손 편지가 그렇고 빨간 우체통이 그렇고 로터리 다방이 그렇고 전파사가 그렇다. 역전 이발소, 만화가게, 사진관, 흑백사진, '도장 팝니다'가 그렇다. 먼 기억 속에서 사라지지 않고 발현하는 것들이 나이가 들수록 따스해지는 것은 왜일까?

유행이 돌고 돌아 복고를 좋아하는 세상이다. 통 넓은 바지가 거리로 쏟아져 나오고 영화 '국제시장'은 천만 관객을 동원했다. 한국에서는 '추억의 종이접기 선생님' 김영만 할아버지가 TV에 나와 종이 접는 프로가 방영되었는데 접속자가 폭주하여 방송사 홈페이지가 끊길 정도였다. 무엇이 옛것을 열망하게 한 것일까? 망각을 휘저어 본다. 오래 버려둔 것을 꺼내본다.

디지털화가 되어갈수록 아날로그가 그리워진다. 문명에 눌린 삶은 옛것에 목마르다. 문명에 밀려 방치된 기억들이 소외감 속에서 꿈틀거리는 것은 추억 때문만은 아닐 것이다. 지금은 작가들이 컴퓨터로 글을 쓰지만 불과 몇십 년 전까지만 해도 원고지에 글을 썼다. 밤새 쓰다가 고치는 작업을 되풀이하다 아침에 일어나면 구겨진 파지들이 방안 그득 뒹굴고 있었다. LP 레코드판의 먼지를 입으로 불어 털어내고 좁은 뮤직박스 안에서 음악을 틀며 긴 머리칼을 쓸어 넘기던 디제이는 할아버지가 되었을 것이다. 까맣게 잊고 살다가도 망각을 휘저어 보면 묻혀있던 감성이 하나둘 딸려 나온다.

지난가을, 남편이 뒷마당 데크에 화목난로를 설치해 주었다. 십여 년 전 사놓은 쇠난로인데 까맣게 잊고 지냈다. 남편은 박스째로 보관되어 있는 화목난로를 찾아내고는 아메리카 대륙을 발견한 듯 기뻐했다. 눈빛이 창창해져 청춘 그때로 돌아간 듯 설레어 했다. 화목난로가 설치되자 남편과 나는 어린아이처럼 좋아했다. 난로의 작은 쇠문을 열고 장작을 넣으면 연기가 긴 관을 지나 밖으로 뿜어져 나갔다. 작은 시골 마을 굴뚝에서 밥 냄새와 함께 뿜어져 나오던 흰 연기는 옛 시절로 돌려주었다. 난로가 달아오르기 전까지 불을 지피는 시간은 약속 시간을 기다리는 마음 같았다. 남편은 화목난로가 있는 풍경의 그림에 주전자 물이 끓고 있었던 기억이 났는지 화목난로 위에 놓을 주전자를 사자고 했다. 주전자의 물이 끓는 동안 찻잎 우릴 준비를 하는 것도 또 다른 설렘이다. 찻잎에 끓는 물을 부으면 쪼그라진 찻잎이 기억처럼 퍼지며 남편과 나는 그 옛날 어디쯤으로 돌아갔다. 석탄 난로 위에 쌓인 도시락의 누룽지 냄새가 생각나고 점심시간도 되기 전 도시락을 열어 먹던 친구들의 웃음소리도 들렸다. 무관심 속에서 유폐된 것들이 망각 속에 살아 있었다. 하늘이 보이고 나뭇잎 소리가 들리고 어머니가 보였다.

망각을 휘저어라. 시간 속에 차갑게 식어버린 것들이 그립다.

3부

내 생애 가장 절절한 절규 엄마라는 이름

보석 나무

언니에게 짧은 안부 메시지와 함께 사진 한 장을 보냈다. "보석 나무를 깨끗이 닦아서 수리하니 제법 볼만 해"라고. 이내 답장이 왔다. "보석 나무라니?" '보석 나무'라는 명칭이 생소할 터이지 싶어 나는 웃음이 났다. "엄마랑 아버지가 태국인가 필리핀인가 홍콩인가에서 사 왔다는 오래된 나무 모양의 돌 박힌 나무 있잖우? 엄마 집에 가면 먼지 뽀얗게 쌓여서 장식장 구석에 박혀 있던 것, 색색의 돌 같은 것들이 박혀 있는 나무 모양의 장식품 기억 안 나?"라고 되물었더니 언니는 그제야 기억난 듯 감탄사를 연발하며 '보석 나무' 사진을 보니 엄마 생각이 난다고 했다.

'보석 나무'가 나에게 온 것은 엄마 살아생전 일이다. 한국의 엄마 집을 방문할 때면 엄마는 늘 나에게 무언가를 주고 싶어 했다. 나이가 드니 소용이 없어졌다면서 미국에서 온 나에게 필요한 물건이 있으면 맘껏 가져가라고 옷장 문을 활짝 열어 보이기도 했다. 그날 엄마는 장식장 구석에 있던 작은 알갱이 모양의 수정이 빼곡히 박혀 있는 나무 모양의 장식품을 꺼내 들었다. "깨끗이 닦아서 후까시 넣어주면 얼마나 예쁜데…"라고 말하며 반강제로 물건을 내 짐 가방 속에 넣었다. 나는 엄마가 무심코 내뱉은 '후까시'라는 말을 꼬집어 일제의 잔재라며 언감생심 엄마를 가르치려 들었다. 그날이 바로 내 팔뚝보다 작은 '보석 나무'가 나에게로 이사 온 날이다.

'보석 나무'는 나를 따라 미국에 와서도 진열장에 오랫동안 박혀 있었다. 돌의 무게와 세월의 흔적을 견디지 못해 가지들이 늘어지고 먼지를 뒤집어쓴 모습이 이민의 삶에 지쳐가는 나의 모습과 닮아 있었다. 시간이 갈수록 나무 아래에는 떨어진 돌들이 나뭇잎처럼 쌓여 갔다. 말이 장식품이지 천덕꾸러기였다. 나무도 주인도 세월이 어떻게 흐르고 있는지도 모르게 나이를 먹어가던 어느 날 친정엄마가 돌아가셨다. 나는 갑작스러운 엄마의 죽음으로 미국으로 돌아와서도 한동안 충격과 슬픔 속에서 지냈다. 눈코 뜰 새 없이 바쁜 이민의 삶은 계속되었고 '보석 나무'는 그런 나의 모습을 바라보며 진열장 안에서 색이 바래갔다.

'보석 나무'라는 이름은 훗날 내가 지어준 이름이다. 나무의 밑동은 보라색 자수정으로 되어 있고 철사 재질로 되어 있는 나뭇가지 끝에 각양각색의 손톱만 한 수정과 옥빛 원석들이 빼곡히 붙어 있어 나는 '보석 나무'라는 이름을 붙여 주었다. 생전에 엄마가 딸의 짐 가방에 손수 넣어 주신 것이니 보석이 아니고 무엇이랴? 장식장 귀퉁이에 놓인 관심 밖의 물건이 새 이름으로 태어나기까지 나무는 돌인 듯 먼지인 듯 잠자고 있다가 엄마가 세상을 떠난 후에야 제 이름으로 태어난 것이다. 나에게 '보석 나무'는 엄마가 돌아가시고 난 후 깨닫게 된 엄마의 사랑과 후회와 그리움의 재발견이 되었다.

엄마가 떠난 몇 년이 지난 얼마 전 일이다. 집 청소를 하는데 진열장 구석에 축 늘어져 있는 '보석 나무'가 눈에 들어왔다. 엄마를 만난 듯 나는 청소를 멈추고 진열장으로 다가갔다. '보석 나무'를 꺼내 드는데 핑~ 눈물이 고였다. 무덤덤한 세월을 말해주는 듯 뽀얗게 쌓여 있는 '보석 나무'의 먼지를 어루만지듯 쓰다듬듯 털어냈다. 철사로 꼬여 만든 가지들은 늘어져 있었고 돌이라고 하니 돌인 줄 알지 빛을 잃은 수석들이 손을 가져다 대기가 무섭게 우수수 떨어졌다. 철사 가지에 가까스로 매달려 있는 돌들을 떼어내어 깨끗이 씻어준 후 빛을 발하는 색색의 돌들을 접착제로 하나

하나 철사 끝에 붙여 주었다. '보석 나무'는 열매를 매단 나무로 변해갔다. 나무는 총명한 빛을 잃지 않고 눈을 반짝이며 나를 바라보았다. 내게 말하는 것 같았다.

나의 부모님은 전해오는 속담을 예로 들어 자식들을 교훈했다. '단단한 땅에 물이 괸다' '가는 말이 고와야 오는 말이 곱다' '구슬이 서 말이라도 꿰어야 보배다' '내리사랑은 있어도 치사랑은 없다' '가랑잎에 옷 젖는 줄 모른다' 등 일상에서 흔히 쓰는 옛말을 자주 사용하셨다. 선조들의 경험담을 풍자로 인용해 훈계하셨던 부모님이 어린 자식들에게는 시대착오적이고 구태의연하게 느껴지는 것은 당연했다. 속담을 일일이 설명하며 교훈하는 날이면 사춘기인 우리들은 고루하기까지 해 슬그머니 자리를 빠져나와 방으로 들어가곤 했었다.

나도 이제 나이를 먹었나 보다. 부모님이 떠나고 나신 한참 후에야 부모님이 인용하던 속담이 속속 가슴을 파고든다. 문구 한 줄이 가끔은 가슴을 치고 들어와 뼛속 깊이 저미는 날도 있다. 세월이 갈수록 부모님이 즐겨 쓰시던 속담들이 일상을 바꾸어 주고 옷깃을 여미게 해 주니 보배가 아니고 무엇일까? 요즘같이 옛것을 경시하는 시대에 속담을 빗댄 부모님의 교훈은 미래를 내다보는 넓은 혜안이었다.

지금도 나는 옛말 하나 틀린 것 없다는 말을 체험하며 산다.

쉽게 가질 수 없는 것이 보석이다. 보석의 가치는 희소성에 있다. 쉽게 깨지고 변색하는 것은 보석이 아니다. 보석은 지하 깊숙이 천년만년 오래 묻혀 있을수록 진귀해진다고 한다. 보석은 보석을 볼 줄 아는 사람만이 캘 수 있다. 보석인 줄 모르는 사람들에게는 광물에 불과하지만 보석을 아는 사람에게는 진귀한 물품이 되고 유물이 된다.

'보석 나무'는 우리 집을 방문하는 분들에게 빠짐없이 소개하는 단골 품목이다. '보석 나무'를 소개하면 사람들은 나무를 자세히 본다. 사람 팔꿈치보다 작고 보잘것없는 장식품을 안경까지 벗고 뚫어지도록 한참을 들여다보는 이들도 있다. 보석 나무에 얽힌 보석 같은 이야기를 들려주면 "진짜 보석이네요."라고 감탄하던 친지와의 일화다. 친지의 말에 의하면 보석이라고 다 좋은 것이 아니라고 했다. 어떤 보석은 주인에게 위험이 닥치고 있다는 걸 알려준다고 한다. 친지의 말에 의하면 "유익한 보석을 상대방에게 주면, 보석을 준 사람과 받은 사람이 화해하게 되고 병도 이기게 해 준다"고 하면서 '보석 나무'를 자신에게 달라고 했다. 나는 "이것만은 안 돼요. 절대요."라며 '보석 나무'를 끌어안았고 친지는 그런 나를 보며 큰 소리로 웃으며 말했다. "그러니까 참 보석이라는 거예요. 아무한테나 줄 수 있으면 그게 보석인가요?" 우리는 서로를 바라보며 한참을 웃었지만 웃음이 울음 같기도 한 날이었다. 보석 나무를 바라보면 그리움과 고마움이 뒤엉키면서 엄마를 보낸 슬픔이 또 한 번 가슴을 치받고 올라온다. 엄마와 함께했던 시간은 생애 가장 진귀한 보물이 되었다. 엄마가 준 장식품에 '보석 나무'라는 이름을 지어준 것도 그 이유이다. 엄마가 떠난 뒤에야 진정한 보석이 된 것이다.

날마다 닦으리라. 뿌연 안개를 먼지처럼 뒤집어쓴 불투명한 세상에서 삶의 무게로 어깨가 늘어지는 날에도 일어나 나무에 물을 주리라. 뿌리가 흔들리지 않게, 잎이 타들어 가지 않게, 나무에 꽃이 필 때까지 닦고 또 닦으리라. 물이 깊어야 고기가 모인다는 어머니 말씀처럼 남기고 간 '보석 나무' 한 그루 옹골지게 키워 때가 되면 초록을 틔우고 숲을 이루어 살리라.

대신해 준 효도

친정 엄마의 갑작스런 죽음을 나는 지금도 실감하지 못한다. 돌아가시기 며칠 전 전화 통화를 했을 때만 해도 엄마는 평소와 같은 목소리였다. 나는 전혀 죽음을 예감하지 못했다. 언니가 병실에 누워 계신 사진을 보내 주었을 때에도 곧 퇴원하겠지 했다. 나는 엄마 전화번호를 지금도 기억한다. 전화를 걸면 엄마가 전화를 받을 것만 같다. 엄마가 살던 신당동 푸르지오 아파트에 가면 문을 열어 줄 것 같다.

바쁜 이민의 삶에서 아이 둘을 키우느라 한국에 자주 방문하지 못했다. 몇 년 만에 한 번씩 한국을 방문하면 엄마의 첫 마디는 항상 똑같았다. "왔냐? 배고프지?" 엄마의 첫 마디는 이민의 삶에 지친 나의 마음을 품어주었고 엄마와 떨어져 살았던 몇 년이란 세월을 온전히 보상해 주었다.

엄마의 장례식이 끝나고 샌프란시스코에 있는 딸과 통화를 했다. 엄마의 죽음에 대한 아쉬움과 슬픔에 겨워 나는 울면서 하소연을 했다. 딸은 미국에서 태어나고 미국에서 자랐다. 엄마가 돌아가시기 몇 해 전 미국에서 대학을 졸업하고 풀브라이트 장학생으로 선발되어 한국에서 1년 지냈다. 부모님의 나라를 알고 싶고 할머니와 시간을 갖고 싶다는 것이 이유였다. 딸은 할머니와 자주 시간을 보냈다. 부천에 있는 중학교에서 아이들을 가르치고 주말이면 혼자 사시는 할머니 집을 방문해 맛있는 음식도 함께 해 먹고 쇼핑도 함께 다니면서 할머니와 가까워졌다. 언제 할머니랑 지낼 시간이 있을까 싶어 잠잘 때도 할머니와 함께 잤다. "할머니랑 같이 잘래요." 하며 베개를 들고 할머니 방에 들어가면 할머니가 어린아이처럼 좋아하셨다고 했다.

"멀리 산 것이 불효도 이런 불효가 없다. 병원을 모시고 다녔나 밥을 제대로 해 드렸나…"라고 말하며 울먹이자 딸이 말했다. "엄마, 걱정하지 마세요. 엄마 대신 내가 잘해 드렸어요." 딸의 말이 얼마나 고맙고 위로가 되는지 나는 지금도 딸의 말을 생각하며 감동한다.

딸은 한국에 머무는 동안 할머니를 병원에 모시고 다녔다. 할머니가 먹었던 밥을 토해내면 손수 청소하고 병원으로 모셔다드렸다고 했다. 그즈음 엄마는 병원을 주기적으로 다녔는데 딸은 할머니 병원 가는 날에 맞추어 할머니 집을 방문했고 병원을 모시고 갔다고 했다. 딸은 택시를 불러서도 할머니와 이모할머니 두 분 사이 가운데 끼어 앉아서 병원을 갔다고 했다. 그런 손녀가 기특했는지 할머니와 이모할머니는 택시 안에서도 운전사에게 손녀딸 자랑을 했다고 한다. 딸은 내가 얼마나 할머니를 그리워하며 살았는지 잘 알고 있다. 내가 얼마나 자주 한국을 방문하고 싶어 했고 할머니와 살고 싶어 했는지도 알고 있었기에 할머니를 마음 깊이 대했을 것이다.

엄마가 병이 깊어 가는데도 나를 포함한 자식들은 각자의 삶에 바빴다. 산다는 것이 그런 것인가 보다. 전화로 안부를 물으면 엄마는 늘 잘 지낸다고 했다. 혼자 병이 깊어 가는데도 아픈 내색 한 번 하지 않고 목소리도 한결같았다. 외로워 보이거나 슬퍼 보이지 않았다. 엄마 혼자 속으로 죽음을 예비하고 있었을지도 모른다고 생각하면 견딜 수 없다.

효도에 '대신'이라는 말이 성립할 수 있을까마는 나는 딸의 '엄마 대신 내가 할머니에게 잘해 줬어'라는 말이 없었다면 더 견딜 수 없었을 것이다. 엄마 대신 할머니를 성심으로 사랑해 주고 함께 해 준 딸에게 위로를 받는다. 딸은 지금도 생전 할머니가 해 주시던 음식을 보면 "할머니가 이 음식 잘해 주셨는데…"라고 한다. 나와 딸의 마음속에 할머니와 엄마는 살아 있다. 우리 곁에 계신다.

바가지

 엄마의 유품 중 버리지 못한 것이 있다. 바가지다. 엄마는 작고 쓸모없을 것 같은 주황색 바가지를 도대체 무엇에 썼을까? 나는 플라스틱으로 만든 손바닥만 한 바가지를 미국까지 가져왔다. 아담하고 날렵해서 보기만 해도 기분이 좋아지는 바가지를 사용할 곳이 마땅치 않아 화장실 서랍 속에 넣어 두고 몇 년을 지냈다. 바가지를 보면 엄마 생각이 난다. 지난해 남편이 관절염으로 고생하는 나를 위해 화장실 보수를 하자고 했다. 물거품이 이는 욕조 속에 누워만 있어도 마사지가 되는 자쿠지 용도의 작은 욕조를 설치했다. 욕조 물속에 몸을 담그고 누워있는데 불현듯 엄마가 쓰던 바가지가 떠올랐다. 물을 퍼서 뿌리는데 이만한 물건이 있을까? 나는 욕조에서 일어나 서랍 속에 보관해 둔 바가지를 꺼냈다. 바가지로 물을 떠 몸에 뿌려 보았다. 몸이 따스해졌다. 샤워기가 아닌 바가지를 통해 흘러내리는 물이 등을 감싸고 어깨를 쓸어주고 몸을 덥혀주었다. 엄마가 쓰던 물건 중 쓸모없는 것이 하나도 없다. 하잘것없는 바가지라 할지라도 곁에 두고 쓸 가치가 있다.

 엄마의 소품은 나의 지원군이다. 철부지 어린 시절을 들려주기도 하고 의기에 찬 젊은 시절을 돌려주기도 하면서 제 역할을 살갑게 해 주고 있으니 어찌 버릴 수 있을까? 바가지에는 엄마의 체취가 고스란히 남아 모녀간의 이야기를 이어준다. 쓸모없는 줄 알았는데 가끔씩 꺼내 볼 뿐 보관만 하는 물건인 줄 알았는데, 아니다.

 유품이란 그런 것이다. 한 사람이 쓰던 도구가 또 한 사람의 도구가 되는 것이다. 현대식 아파트에서 지냈던 엄마가 바가지를 어디에 사용했는지는 알 수 없다. 쌀을 씻는 데 사용했을 수도 있고 물을 뿌리는 데 사용했을 수도 있다. 용도는 상관없다. 도구가 되었다는 것이 중요할 뿐이다. 쓰던 바가지를 딸이 이 미국 땅까지 가져와 사용하고 있다는 사실을 알면 얼마나 좋아하실까? 당신이 쓰던 물건을 딸이 쓰고 있다는 사실 하나만으로 기뻐하실 것이다. 용도는 달라도 도구로 쓰는 사실에 대해 흐뭇해하실 것이다.

엄마의 도구가 나의 도구가 된 것이 바가지뿐 아니다. 자식을 위해 극한까지 내몰다가 자식을 위해 자신을 접는, 자식이 좋아하면 그것이 좋아하는 이유가 되었던 사랑이라는 도구를 나는 아이들이 장성한 지금까지 잘 쓰고 있다. 엄하고 냉정한 잣대로 자식에게 훈계하기도 했지만 마음 상했을까 새벽부터 아이가 좋아하는 음식을 만들어 주는 도구를 지금도 애용하고 있다. 엄마의 유품은 웃음과 눈물, 과거와 미래, 함께 공존하는 불멸이 되었다.

　오늘은 엄마의 바가지로 몸을 씻어야겠다. 물 하나 튀지 않으면서 등을 펴주고 지친 어깨를 쓸어주는 바가지에 물을 떠서 따뜻한 물이 되어 찾아오는 엄마를 만나야겠다.

어떤 풍경

 집에 도착하니 차고가 비어 있다. 아들의 차가 주차되어 있던 자리가 빈 것을 보니 아들 가족이 떠났나 보다. 텅 빈 대문을 여니 썰렁한 기운이 밀려온다. 아들 내외가 머무는 동안 훼밀리 룸에는 손녀의 장난감이 흩어져 있고 다이닝 룸 식탁 옆에는 손자의 그네가 놓여 있었다. 식사를 하는 동안 며느리는 아이 둘을 번갈아 그네에 태워 두곤 했었다. 그네는 뭐 하려고 떼어 간 것일까? 도둑맞은 기분에 거실 한복판에 서 있다. 아들 내외가 머물던 방문을 열어 본다. 방 안에 언제 아이들이 있었느냐는 듯 깨끗하게 정리되어 있다.

 늦가을 숲보다 쓸쓸한 방을 혼자 서성거린다. 무엇을 잃어버린 것처럼 두리번거리며 창문을 내다보기도 하며 가끔은 환청까지 들린다. 손자 손녀들의 웃음소리가 마당 그득 들린다. 자식에 연연하지 않겠노라고 해 놓고 도대체 이

기분은 뭐란 말인가? 나는 아들 가족이 머물던 방 안에서 중얼거린다. "몹쓸 것들…." 몹쓸 것들이라는 욕 아닌 욕을 불쑥 내뱉고는 혼자 피식 웃는다. 몹쓸 것이라니? 그 바쁜 아들 내외가 손주들을 데리고 놀러 와 준 것도 고마운데 몹쓸 것이라니? 고개를 가로저으면서도 허전하면서도 푹 가라앉는 것 같은 기분이다. 아픈 것도 아니고, 아린 것도 아니고 아픈 것 같기도 하고 아린 것 같기도 하고 텅 빈 마음은 도대체 어디서 온 것인지 기분 나쁘다. 화가 난다.

허기가 몰려들어 육 인분의 쌀을 쌀통에서 꺼낸다. 쌀을 들여다보며 아들 가족도 없는데 하며 삼분의 일을 덜어 낸다. 쌀을 씻으려는데 식구라고는 남편과 나 둘 뿐인데 누가 먹을까 싶어 쌀 몇 줌 더 덜어내어 쌀을 씻는다.

냉장고를 여니 아이들과 함께 먹다 남은 반찬이 보인다. 적당히 데워서 적당히 먹자 싶어 먹다 남은 음식을 꺼내는데 등 뒤에서 남편이 배고프다고 소리친다. 오늘은 특별히 맛있는 걸 먹자고 한다. 오늘따라 남편은 왜 또 맛있는 걸 해 먹자고 하는 것일까?

아들 가족이 복작거리며 지내다가 떠난 날, 배고픈데 입맛이 돌지 않는 것에 화가 난다. 이 상황은 뭐란 말인가? 나는 남편을 향해 눈을 흘겼다. 남편이 씩씩하게 말했다. "오늘은 내가 먹고 싶은 것 좀 먹자" 남편은 정말 배가 고픈 것일까?

'내가 먹고 싶은 것 좀 먹자'라는 말이 정말 배고프게 들린다. 퀭한 눈에 아주 잠깐 눈물이 맺히다 마르는 것 같은 느낌, 나는 남편을 바라보다가 어깨를 들먹이며 웃는다. 무슨 재미있는 일이 있는 것처럼 까르르 소리 내어 웃는다.

내가 한국을 방문하고 떠난 날에도 어머니는 이런 기분이었을까? 한국 방문 후 잘 도착했노라고 전화를 드리면 집이 텅 빈 것 같다고 하시던 어머니다. 한국 방문 후 남편 곁으로 돌아오면 나는 당분간 어머니 생각을 하지 않았다. 어머니도 나와 내 아이들이 지내다가 떠난 방의 문을 골백번 열어 보았을 것이다. '몹쓸 것들'이라고 욕 아닌 욕을 하면서 먹먹한 가슴을 여러 번 쓸어내렸을 것이다.

엄마의 분첩

 서랍 속에 빨간 분통이 보인다. 언제나 같은 자리에 놓여 있음에도 서랍을 열면 꼭 한 번은 버릇처럼 만진다. 분통을 열어 보는 것에 그치지 않고 분첩을 꺼내 코에 대고 냄새를 맡아본다. "쯧쯧, 사람은 이부자리가 편해야 한다. 자주 빨아줘야 하는데 이게 뭐냐 이게." 분첩에서 나온 엄마는 나를 보고 혀를 차며 잔소리를 시작한다. 나는 "엄마가 없으니까 그렇지"라고 혼잣말을 한다.

 엄마와 나의 대화는 엄마가 돌아가신 지 8년이 지난 지금도 이어진다. 어떤 날은 엄마가 입던 옷에서, 어떤 날은 엄마가 쓰던 가방에서 불쑥불쑥 엄마가 나타난다. 이십여 년 전 보내온 색 바랜 편지 속에서 엄마가 튀어나오는 날도 있다. "그깟 일로 상심해서 며칠씩 밥도 먹지 않으니 내가 너 그렇게 가르쳤냐? 밥은 먹어야 할 것 아니냐? 밥은…"이라며 호통을 칠 때면 나는 누워 있다가도 벌떡 일어난다. 자식들의 밥 먹는 일에 유난한 애착을 보였던 엄마에게 밥은 삶의 이유였고 수십 번 수백 번 자식을 용서하는 도구였다.

8년 전, 친정엄마의 부음 소식을 받고 서울행 비행기에 몸을 실었다. 서울과의 시차로 인해 장례식에는 참석하지 못하고 승화원으로 향했다. 내가 도착한 시간은 마침 관이 차에서 내려져 화장터로 들어가기 바로 직전이다. 엄마가 유리창 밖에 있는 가족들에게 마지막 인사를 하는 순간에 나와 마주친 것이다. 나는 태어나서 그토록 절실하게 엄마를 불러 본 적이 없다. 세상으로 첫발을 내딛는 울음이 그러했을까? 미국에 와 아이 둘을 낳고 키우면서 속으로 엄마를 불러 본 적은 수없이 많았지만, 그토록 애절하고 서글프게 엄마를 불러 본 적은 없다. 목이 타들어 가고 살이 찢어지는 것 같았다. 마지막으로 부르는 그 순간의 '엄마'는 내 생애 가장 절절한 절규였고 한恨이었다.

장례식이 끝난 후 나와 언니는 유품을 정리했다. 모두가 소중한 것들이다. 나에게는 차마 버릴 수 없었던 몇 개의 유품이 있다. 아니, 나는 엄마가 쓰던 그 어떤 것도 버리고 싶지가 않았다. 값나가는 물건은 아니지만 보관하고 싶었다. 그중 하나가 엄마가 쓰던 분통이다. 뚜껑 주위에 새겨진 금줄이 드문드문 벗겨져 있는 분통은 뚜껑을 열면 분 위에 작고 동그란 분첩 하나가 얹혀 있었다. 분이 반쯤이나 남아 있었는데 분첩에는 적절한 때가 끼어 있었다. 채 쓰지 못한 분이 말해 주듯 엄마와 나와의 관계는 엄마가 떠나신 지 8년이 지난 지금도 진행 중이다. 세월에 딱딱하게 굳어져 가지만 냄새는 영원히 변치 않을 것 같다.

엄마는 순수하면서도 강인한 여자였다. 성품이 아침 볕처럼 밝고 긍정적 에너지를 가진 여자였다. 사업을 하는 남편으로 인해 힘든 일이 많았을 텐데도 자식들에게 한 번도 눈물을 보이지 않았다. 내가 한국을 방문해 돌아올 때면 혹시라도 눈물을 흘릴세라 비행장 배웅을 하지 않았다. 그랬던 엄마가 나의 마지막 한국 방문 때 이모와 함께 비행장을 따라왔다. 엄마의 마지막 배웅이다. 그날 아침 일찍부터 엄마는 방 안에서 옷치장을 끝내고 화장을 하고 있었다. 엄마가 분첩으로 콧등을 가볍게 두드리며 나를 보고 말했다. "아무래도 이번에는 내가 따라가야 할 것 같다." 그날 엄마는 처음이자 마지막으로 딸인 나를 공항까지 배웅해 주셨다. 그

때 쓰시던 그 분첩을 어찌 버릴 수 있을까?

내가 한국을 방문할 때면 엄마는 딸에게 하나라도 더 싸서 보내려고 최선을 다했다. 딸이 좋아하는 젓갈이며 오징어, 고춧가루 등을 딸의 짐 가방에 채워 넣어 주면서도 행복한 걱정을 했다. 하루에도 몇 번씩 거실에 놓여 있던 짐 가방을 바라보며 "이 정도야 괜찮지 아암 괜찮고 말고."라고 하기도 했고, 어떤 날은 짐 가방을 저울에 올려놓고 무게를 달아보기도 했다. 하나라도 놓칠세라 하루에도 몇 번씩 짐을 싸고 풀었다.

돌아오는 날, 아침에 일어나니 거실 가득 짐이 풀어져 있었다. 무게가 염려되어 새벽부터 일어나 짐을 다시 싸려 한 것이다. 그날 엄마는 공항까지 따라와 짐이 잘 통과되는지를 지켜보았다. 무사히 짐을 부치고 난 후 엄마는 안도의 숨을 내쉬었다. 우리는 비행기 탑승 시간을 기다리며 대합실에 앉았다. 그날 나는 엄마의 눈물을 처음 보았다. "쯧쯧, 언제 철이 들지 몰라. 언제 또 보는 거냐?" 그날도 엄마는 꾸중하듯 퉁명스럽게 말했지만 주름진 눈가에 눈물이 고여 있었다. 연신 눈물을 훔치며 걸어가던 엄마의 뒷모습이 나는 지금도 잊혀지지 않는다.

엄마의 분통은 한 번도 이름을 들어 본 적 없는 상표였다. 평소 멋쟁이 소리를 자주 듣던 엄마가 이름도 희미한 화장품을 쓰셨다니 엄마는 이 화장품을 도대체 어디에서 샀을까? 출처를 상상해 보았다. 유품이 된 엄마의 분은 육교를 건너다가 계단에 앉아 화장품 파는 할머니에게 샀을지도 모른다. 아기를 등에 업고 지하도에서 물건을 파는 젊은 엄마에게 샀을지도 모른다.

엄마는 정이 많은 분이었다. 불쌍한 사람을 그냥 지나치지 못하는 성품이었고 소리 없이 도움을 주고 기뻐하시는 분이다. 엄마는 이 빨간 분통을 마땅한 이유로 사 들고 왔을 것이다. 그토록 따뜻한 성품의 엄마가 자식들에게 단 한 번도 눈물을 보이지 않았다는 것은 사랑과 절제가 강했다는 말이다. 엄마는 죽어서도 자존심을 지키시는 분이다.

분첩을 만져 본다. 엄마 냄새가 난다. 냄새 속에서 엄마가 걸어 나온다. "쯧쯧, 설거지 잔뜩 쌓아 놓고 나이가 몇 살인데 엄마 보고 싶다고 이 난리를 치냐?" 호통을 친다. 속마음은 그렇지 않은데 나를 흘겨보며 퉁명스러운 목소리는 여전하다. "어서 일어나거라." 냄새를 남기고 떠난 엄마는 지금도 내 곁에 산다. 나는 엄마의 분첩에서 풍겨오는 향기가 그리운 날이면 분통을 연다.

　엄마는 분첩의 향을 남기고 잠시 출타 중이다.

첫 번째 가출

　초등학교 6학년 때 교회 주일학교에서 가까운 교외로 소풍을 간 적이 있다. 교외라고 해 보았자 서울에서 멀지 않은 경기도였다. 버스를 타고 마지막 종점에서 내리면 아스팔트가 아닌 흙길이 이어졌다. 우리를 이끌던 교회학교 담임 선생님은 박순호라는 집사님이었는데 키가 작고 선한 웃음을 가진 따뜻한 분이었다. 그날 이후 나는 유토피아를 알게 되었고 유토피아는 한동안 나를 잠식했다. 나의 의식 속에서 유토피아는 무한한 자유를 꿈꾸게 해 주었고 열망을 알게 해 주었다. 수수밭 고랑을 친구들과 뛰어놀 때 두 뺨에 스치던 온화한 바람과 고개를 들어 아주 오래 바라보던 하늘, 하늘에 떠다니는 흰 구름의 움직임을 따라 움직이다가 내 눈에 들어왔던 길고 높게 뻗은 미루나무 숲. 숨이 멎는 것 같았다. 서울에서 볼 수 없는 풍경이 내 눈앞에 펼쳐있는 것을 보면서 뛰어가고 싶었지만 집으로 돌아가야 할 시간이었다. 선생님 손에 이끌리어 버스를 타면서도 사랑하는 사람을 두고 떠나는 것 같이 계속 뒤를 돌아보았다. 버스 창가에 앉아 밖을 내다보니 멀리 미루나무 숲이 보였다. 버스가 달리는데 미루나무 숲이 나를 따라오는 것 같았다. 그날 밤 나는 미루나무 숲 꿈을 꾸었다. 두 팔 벌려 미루나무 숲을 거닐면서 바람을 음미하는 모습이 행복한 한 그루의 나무가 되는 꿈이었다.

2년 후, 내 나이 열네 살 무렵이다. 사춘기 시절에 접어든 나는 섬세한 아이였다. 그날은 오전 수업이 있는 날이었다. 중간고사를 앞두고 느껴지는 압박감이 며칠 나를 힘들게 했던 기억이다. 시험이 아니더라도 답답한 마음에 일탈하고 싶은 날이었을 것이다. 2년 전 교회학교 선생님과 소풍 갔던 곳을 기억해 둔 나는 시외버스를 탔다. 버스 번호는 기억하지 못하지만 후에 알아보니 경기도 신장이라는 곳이다. 창밖 풍경을 보며 가는 내내 친구가 없어도 좋았다. 종점에 이르자 책가방을 들고 버스에서 내렸다. 흙길을 지나 자그마한 마을이 있는 것이나 마을에 큰 소나무 정자가 있는 것이나 몇 노인이 앉아서 얘기를 나누는 모습이나 변한 것이 없었다. 무밭에 파란 무 뿌리가 나와 있었다. 나는 무를 뽑아 껍질을 이빨로 벗겨 먹었다. 지금껏 나는 그토록 달콤한 무를 먹어 본 적이 없다. 시원하면서도 달콤하게 입안을 씻어주던 무즙과 상큼한 무 냄새가 아직도 생생하다.

수수밭 멀리 미루나무 숲이 펼쳐져 있었다. 먼 것 같지 않았는데 막상 걸어서 가자니까 가까운 거리가 아니었다. 미루나무 숲을 향해 걷고 또 걸었다. 이상하게도 미루나무 숲은 아무리 걸어도 가까워지지 않았다. 작은 샛강을 지나고 모래밭도 지났다. 어둑어둑 해가 지고 있었다. 순간 더 깜깜해지면 집에 돌아갈 수 없다는 생각에 두려운 마음이 들었다. 나는 미루나무 숲을 포기하고 되돌아가기로 했다. 얼마나 많이 걸어왔는지 한참을 걸어야 했다. 그때 경운기 한 대가 지나갔다. 경운기를 운전하던 늙수그레한 아저씨가 말을 걸었다. "너, 어디 사는 애니?" "저는 여기 사는 사람은 아닌데 버스 정거장 어떻게 가야 하나요?" 50대쯤 되어 보이는 아저씨는 경운기 뒤에 타라고 했다. 경운기 소리 때문이지 화가 난 때문인지 아저씨가 큰 소리로 말했다. "너, 여자애가 참, 겁도 없구나. 가출한 거니? 부모님은 알고 있니?" 나는 가출은 절대 아니라고 예전에 놀러 왔던 곳을 다시 와보고 싶었을 뿐이라고 말했다. 정거장에 도착하고 나는 아저씨한테 미루나무 숲에 대해 말했다. 아저씨는 기가 막힌 듯 나를 한참 바라본 후 말했다. "미루나무 숲에 가려면 얼마나 한참을 걸어야 하는데. 강도 건너야 해." 아저씨는 내가 딸 같은 생각이 들었는지 버스를 탈 때까지 기다려 주었다. 버스를 태워주며 아저씨가 말했다. "다시는 이런 일 하면 안 된다. 알았지?"

돌아오니 집안이 난리가 나 있었다. 오전 수업을 끝낸 딸이 돌아오지 않았으니 얼마나 염려가 되었을까? 학교 선생님도 친구들도 나의 행방을 아는 사람이 없었다. 경찰에 신고를 해야 하는지 고민을 하고 있던 차에 내가 돌아온 것이다. 엄마는 나를 붙들고 말했다. "너, 도대체 어디를 다녀온 거냐? 어디를 가면 간다고 말하고 가야지?" 나는 아무 말도 하지 않고 방으로 들어갔다. 진흙과 풀 조각들이 잔뜩 묻어 있는 신발을 보며 엄마가 걱정스러운 말투로 말했다. "아니, 얘가 도대체 어디를 간 거야?"

다음날 나는 깨끗이 닦여진 신발을 신고 등교했다. 누구도 그 일에 대하여 거론하는 사람은 없었다. 엄마는 말없이 내가 좋아하는 음식을 만들어 차려 주며 질풍노도 같은 딸의 사춘기가 끝나기만을 기다렸을 것이다. 가출 아닌 가출이지만 지금도 나는 그 일을 나의 첫 번째 가출이라 말한다.

서울에서 태어나고 서울에서 자란 나에게 시골 풍경은 환상 그 자체였다. 매년 지어지는 아파트와 소음 그득한 공사장 그리고 골목길을 비집고 들어오는 차들, 자연이라고는 베란다 작은 화분이 전부였다. 나무 냄새를 좋아하는 엄마를 따라 남산을 오르는 적도 있지만 도시 한복판의 산은 나를 매료시키지 못했다. 초등학교 6학년 그때 본 시골 풍경은 유토피아였다. 흙길을 지나 수수밭이 이어지고 하얀 구름 아래로 길고 곧게 뻗은 미루나무 숲, 그것은 나를 꿈꾸게 해 주었고 그리움을 알게 해 주었다.

이제야 알겠다. 왜 미루나무 숲에 다다를 수 없었는지. 미루나무 숲은 영원히 다다르지 못할 숲이었다. 유토피아란 그런 것이었다.

어머니 기일에

 치과에 갔다. 의사는 내게 이빨을 심으려면 잇몸에 가짜 뼈를 심어야 한다고 했다. 인조 뼈 심기에 착수했다. 가짜 이빨 하나 얻기 위하여 입 안이 휘저어졌다. 건설을 위한 파괴, 어떤 면에서는 역행이고 치욕인 줄 알면서도 이빨이 있어야 음식을 먹을 수 있을 것 아닌가? 이빨 없이 살 수 없는 일이므로 두 손을 공손히 무릎 위에 모은 채 순종했다. 입속으로 드릴이 들어와 잇몸에 나사를 박는다고 윙윙 소음을 피우고 입 전체를 비릿한 피 냄새로 채웠다.

 뼈 하나 심는 것이 이리 힘든 일인 줄 몰랐다. 임플란트를 하며 나는 많은 생각을 했다. 입속이 아픈 것이 아니라 마음이 아팠다. 기억 속에서 나는 어머니의 아이였고 온전한 어머니의 딸이었다. 동네 골목에서 소꿉놀이를 하고 놀다가도 해가 지면 어머니가 나를 찾는 소리에 집으로 돌아가곤 했다. "은자야! 밥 먹어라." 해 질 녘 어머니가 나를 부르던 소리의 힘으로 나는 여기에 있다. 어머니는 나에게 뼈를 남겨주고 가신 분이다. 아프지도 않고 수술도 필요하지 않은 뼈를 심어주었다. 그뿐인가? 이식한 뼈가 잘 자라날 수 있도록 평생을 몸 바쳐 헌신했다. 어머니가 물려주신 뼈가 내 뼈인 줄 착각하며 살았다. 내가 잘나서 잘 먹고 잘사는 줄 알았다. 불효막심도 보통 불효막심이 아니다. 몸이 어디에서 왔는지 원천도 모르고 살았다.

내가 미국으로 오던 80년대 초에는 미국 비자 받기가 하늘의 별 따기였다. 비자를 손에 쥐게 되었을 때 나는 하루빨리 남편이 있는 미국으로 가고 싶어 몸달아했다. 딸을 먼 나라로 떠나보내야 하는 어머니는 뼈를 잘라내는 아픔이었을 것이다. 나는 슬픔에 사경을 헤매고 있는 어머니가 눈에 들어오지 않았다. 토끼 눈처럼 빨개진 어머니의 눈을 사십여 년이 지난 이제야 보니 늦되어도 보통 늦된 딸이 아니다.

그때 어머니는 공항에 나를 마중 나오지 않았다. 십 년 만에 처음으로 한국을 방문하고 돌아올 때도 어머니는 나를 마중하지 않았다. 딸을 떠나보내며 눈물을 보이고 싶지 않은 것이다. 나는 그런 어머니가 어린아이 같다고 생각했다. 나는 그 애절하고 간절한 사랑을 헤아리지 못한 채 필요한 물건들을 짐에 잔뜩 챙겨서 뒤도 돌아보지 않고 미국으로 돌아왔다.

어머니는 늘 나보다 부자 같았다. 시시한 것들을 선물할 바에는 안 드리는 것이 낫다고 생각했고 혹 어머니 하고 싶은 것이 있으면 할 수 있을 것이라 믿었다. 가끔 어머니는 친구가 딸이 옷을 사 준 것을 자랑하더라고 했다. 어머니는 그 친구보다 부자이고 더 좋은 옷이 많은데 뭐가 부럽냐며 나는 깔깔깔 웃으며 말했다.

나의 불효막심은 어머니가 세상을 떠나기 전 마지막 순간까지 이어졌다. 어머니가 병원에 입원했다는 소식을 듣고 전화 통화를 했다. "이 서방도 애들도 다 잘 있지?" 병원에 입원해서도 밝은 목소리로 안부를 묻는 어머니를 대하면서 마음을 놓았다. 그리고 또 며칠을 일에 묻혀 살았다, 얼마 후 어머니는 돌아가셨다. 우리 곁을 떠나셨다. 비행기 표를 수소문하여 한국으로 갔다. 공항에서 바로 화장터로 갔다. 어머니가 불 속으로 들어가시기 직전, 어머니와 나는 마지막으로 만났다, 유리 너머 불 앞에 놓인 어머니의 관을 보고 나는 오열했다. 세상에 태어날 때 울던 첫울음이 그러했을까? 나는 '엄마'를 부르며 실신할 정도로 울었고 조카는 나를 부축해 데려갔다. 유리문을 깨고라도 불 속으로 들어가는 어머니를 보고 싶었다. "어머니는 세상에서 가장 위대한 여자였어요. 미안해요 엄마, 고마워요 엄마, 용서해 주세요 엄마, 사랑해요."라는 말을 삼키며 관이 불 속으로 밀려 들어가는 것을 지켜보았다. 나도 모르게 땅바닥에 주저앉아 엉엉 울었다. 나는 생의 가장 귀한 뼈인 어머니를 그렇게 떠나보냈다. 찐 뼈를 심어준 어머니를 그렇듯 허무하게 잃었다.

인조 뼈를 심겠다고 입을 벌리고 치과 병원 의자에 누워있는데 눈물이 났다. 진짜 뼈를 소홀히 대접한 나를 용서할 수 없었다. 참 뼈를 심어주고 가신 어머니가 그리운 날, 창밖에는 소낙비에 구부러진 여름꽃들이 반듯하게 일어서고 있었다. '엄마'를 통곡한 날이다.

엄마가 아프다

친정어머니를 떠나보내던 그해 얼마간 나는 말을 잃어버린 사람처럼 살았다. 사십여 년을 미국으로 이민 와 살면서 몇 년에 한 번씩 한국에 계신 어머니를 찾아뵙는 것이 고작이었음에도 어머니가 살아 있다는 것과 돌아가셨다는 것은 달랐다. 어머니는 돌아가시기 한 주 전까지도 나와 전화 통화를 했었다. 중환자실과 병실을 번갈아 오가면서도 전화 목소리가 어찌나 맑고 담담하던지 '곧 퇴원하겠지.' 믿었다. 며칠 후, 나의 어머니는 나에게 '아프다.'라는 말 한마디 하지 않고 거짓말처럼 세상을 떠나셨다. 나는 어머니의 '아프다'라는 말을 듣지 못한 귀 먼 딸이다.

사십여 년 전, 미국으로 오는 비행기 안에서 나는 박완서의 『엄마의 말뚝』을 읽었다. 그때 나는 울지 않았다. '이런 인생도 있구나' 했을 뿐이다. 박완서가 이끄는 절절하도록 무한한 세계에 감복하며 가슴 벅차 했고 그 벅참으로 비행기 안에서도 얼마나 풍요로웠는지 모른다. 주인공의 어머니는 눈길에서 다리가 부러져 수술하는데 마취가 풀리면서 허공에 대고 소리치는 등 이상한 행동을 보이기 시작한다. 오빠의 죽음이 어머니에게 씻을 수 없는 한이 된 것이다. 주인공의 오빠는 인민군 치하에서 어쩔 수 없이 의용군에 지원하고 탈출하다가 군관에게 발각되어 총을 맞고 숨졌다. 세월이 약인 줄 알았는데 환각 속에서도 과거를 오가며 아들이 죽은 그 순간을 재연하는 어머니는 자다가도 허공에 대고 "안 된다 이 노옴"이라고 호통을 치기도 하고 "군관 나으리, 군관 선생님, 군관 동무"라며 아들을 살려달라고 링거줄이 주삿바늘에서 빠져버릴 정도로 몸부림친다. 어머니의 무의식이 생때같은 아들의 죽음에 말뚝을 박은 것이다.

 이제 알 것 같다. 그때 그 소설 속 어머니의 아픔을. 나의 어머니도 그랬다. 전쟁과 보릿고개를 지나면서도 오직 자식을 위해 사셨다. 둘째 딸인 나를 멀리 시집보내고 말뚝처럼 가슴에 박고 사셨을 것이다. 그런 어머니의 마지막 길을 배웅해 주지 못한 딸이 나다. 어머니가 돌아가셨다는 전화를 받고서도 시차로 인해 장례식장이 아닌 화장터로 갔어야 했다. 불 속으로 들어가는 관을 향해 목청이 터져라 엄마를 불러야 했다. 어린아이처럼 우는 것에 대한 부끄러움도 몰랐다. 보내고 싶지 않은 마음에 비명처럼 엄마를 불렀다. 못다 한 마음을 울음으로 속죄할 수 있다면 얼마나 좋을까? 엄마는 대답이 없었다.

거리를 지나다가도 머리칼이 희끗한 어머니 또래 나이의 할머니를 보면 멈춰 서게 된다. 가슴 한쪽이 저려 오는 슬픔에 가만히 가슴을 쓸어내리기도 한다. 아프다. 이제야 엄마가 아파 죽겠다.

외투의 혼

친정엄마가 돌아가시고 난 후 언니와 함께 유품을 정리했다. 나는 엄마가 생전 얼마 입지 않아 보이는 옷이나 내가 입을 것 같은 옷은 짐가방에 챙겨서 미국으로 가져왔다. 그렇게 가져온 엄마의 옷 중에는 아직도 입지 않은 옷이 상당수다. 언니와 함께 엄마의 옷장을 정리하다가 상표가 소매 끝에 그대로 붙어 있는 것을 보면서 "입지도 못하고 가실 것을 왜 이리 아끼셨을까?"라는 생각이 들어 곤잘 울었다.

엄마는 내가 한국을 방문할 때면 매번 나에게 옷장을 열어 보이셨다. 이 옷 다 뭐 하겠느냐며 맘에 드는 옷이 있으면 골라 가져가라고 했다. 엄마의 옷장에는 옷이 늘 그득했다. 나이는 드셨어도 멋을 아는 분이라 딸인 내가 보기에도 쓸만한 옷이 제법 있었다. 그중 하나가 검은색의 비로드 외투였다. 단추에 라임스톤이 촘촘히 박혀 조금은 화려해 보이는 외투를 나는 엄마가 돌아가신 후 유품으로 가져왔지만 나이 들어 보이는 것 같아 옷장 속에 걸어 둔 지 7년이 지났다.

몇 년 전 겨울, 옷장 정리를 하다가 구석에 걸려있던 엄마의 외투가 보였다. 엄마가 입고 다니시던 모습이 떠올랐다. 엄마가 돌아가시던 7년 전까지만 해도 나는 지금보다 젊었다. 엄마의 외투가 보온이 좋아 보였지만 어딘지 노숙한 느낌이 들었는데 입어보니 어울리는 것 같았다. 세월이 흐른 것이다. 그만큼 나도 나이를 먹은 것이다. 검은 외투를 입을 때면 색이 화려한 스카프를 안쪽에 두르던 엄마가 생각이 나 스카프를 둘렀다. 거울을 보니 내 모습이 엄마를 빼어 닮았다. 엄마가 돌아가신 후 남동생이 나에게 한 말이 생각났다. "누나는 어쩜 그렇게 엄마를 닮았어. 아주 똑같아."

나는 형제 중에서 제일 엄마를 많이 닮은 자식이다. 학식이나 사회적 모습은 내가 엄마보다 나을지 몰라도 나는 엄마의 반도 따라 하지 못하고 사는 딸이다. 그 시절 부모님이 그렇듯 엄마의 인생을 돌아보면 아픔과 가난과 굴곡이 많았다. 엄마는 단 한 번도 자식들에게 아픔을 보이지 않았다.

엄마는 어려움 가운데에도 불쌍한 이웃을 소리도 없이 도우며 살았다. 밝고 긍정적이고 참을성 많고 속으로는 무던히 진중했던 엄마가 고맙고 그립다.

엄마의 외투에는 반짝이는 단추 다섯 개가 달려있다. 어릴 적 죽은 둘째 오빠까지 다섯 형제를 낳은 엄마 인생의 상징이다. 엄마의 외투를 입어 본다. 거울 속에서 단추 하나하나가 채워지면서 온전한 외투가 되는 것을 지켜본다. 엄마는 떠나셨지만 몸으로 마음으로 이어지고 있다. 더 열심히 복 있게 살아가자.

지금쯤 너도 나처럼

요즘 들어 딸의 전화가 뜸해졌다. 갓 결혼했을 때만 해도 하루가 멀다고 전화를 해 오더니 지난해 둘째를 낳고부터는 시간이 여의찮은 모양이다. 아이 둘 키우랴 강의 나가랴 몸이 몇 개 있어도 부족할 것이다. 딸의 지금 이즈음이 나에게도 가장 바쁘고 정신없던 시절이었다. 그래도 딸네가 일 년에 두 번은 온 가족이 여섯 시간 비행기를 타고 방문하여 함께 지내다가 가니 얼마나 고마운 일인가?

딸은 뉴욕에서 나고 뉴저지에서 자랐다. 동부에서 대학을 졸업한 딸이 박사학위를 위해 서부 샌프란시스코로 떠날 때만 해도 박사가 끝나면 동부로 돌아와 살 것이라 믿었다. 오 년 후, 딸이 박사학위를 마치고 서부에 있는 대학에서 교수자리가 났다. 미국에서 인문계통의 대학 교수는 자리가 없을 뿐더러 임용이 쉽지 않다는 것을 잘 알고 있는 터라 남편과 나는 흔쾌히 허락을 했다. 그때까지만 해도 딸이 경험을 쌓고 동부로 돌아와 살면 될 것이라 믿었기 때문이다. 그런데 상황이 달라졌다. 딸이 서부에서 결혼할 남자를 만난 것이다. 나는 딸이 멀리 떨어져 사는 것이 싫었다. 나 역시 부모를 떠나 미국에 와 살면서 느낀 점이 많았기 때문이다. 결혼을 갓 하고 미국으로 왔을 때만 하더라도 부모와 떨어져 산다는 것이 그토록 쓸쓸한 일이라는 것을 느끼지 못했다. 남편 곁이 내가 있어야 할 자리이고 가장 행복한 곳이라 생각했고 부모 입장에서 생각해 본 적이 없었다.

딸이 결혼하고 싶은 사람이 서부에 사는 사람이고 결혼하면 서부에서 살고 싶다는 말을 듣고 나는 가슴이 내려앉았다. 내가 통한했던 그 쓸쓸한 일을 딸도 시작하려는 것 같아 가슴 한쪽이 떨어져 나가는 것 같았다. 딸에게 이왕이면 동부 쪽에 사는 남자를 찾아보면 어떻겠느냐 물었더니 딸은 지금의 사위가 자신에게는 꼭 맞는 사람이라며 조금도 양보할 태세가 아니었다. 딸이 이번 기회가 지나가면 결혼을 안 하고 혼자 살 수도 있겠다는 생각이 뇌리를 스쳤다. 남편은 나보다 더한 아쉬움에 힘들어했다. 얼마 후 딸이 결혼 허락을 받으려고 동부로 왔을 때 나는 딸과 둘만의 시간을 갖기로 했다. 우리는 30분 운전을 해서 분위기 좋은 이탈리안 레스토랑으로 갔다. 음식을 시키고 난 뒤 나는 딸의 얼굴을 말없이 한참 동안 쳐다보았다. 수만 가지 생각이 지나갔다. 이민의 삶에서 정성으로 키운 딸이 어느새 어른이 되어 결혼을 하겠다니 세월이 무상했다. 아들과 딸은 부모의 바쁜 삶으로 인해 서로 의지하고 자라 형제애가 남다르다. 부모도 부모이지만 제 오빠와는 또 어찌 떨어져 살겠다고 서부에서 결혼하여 살겠다는 것인가? 사춘기 시절에도 말썽 한 번 피우지 않고 말 잘 듣던 딸은 결혼에 대해서는 확고했다. 쇠심줄보다 질겨진 딸을 보면서 마음 한구석이 쓸쓸해졌다.

내가 먼저 입을 뗴었다. "뭐 그리 대단하게 잘 살겠다고 부모 멀리 이 미국까지 와서 살았나 몰라." 딸은 나를 한참 쳐다보더니 말했다. "엄마, 아빠랑 결혼한 것 후회 해?" 나는 말을 계속 이어갔다. "뭐 그렇게 대단하게 살겠다고…부모 멀리 떠나오는 것이 아니었는데 효도가 뭐 별것이겠니? 부모 옆에서 알콩달콩 지지고 볶으며 사는 모습 보여 주고 가까운데 살면서 자주 왕래하며 사는 것이 효도지." 나는 그때까지만 해도 딸이 "엄마, 나 이 결혼 한 번 생각해 볼까?

동부에 있는 좋은 남자 찾아볼게." 까지는 아니더라도 나의 말에 조금은 동조해 주기를 바랐다. 딸의 대답은 의외였다. "엄마, 걱정하지 마. 일 년에 적어도 두 번은 방문할게." 나는 딸의 결혼을 허락해 줘야 할 때가 온 것을 감지했다.

내가 남편을 따라 엄마 곁을 떠나올 때 친정엄마는 얼마나 슬펐을까? 지금도 잊지 못하는 것은 미국을 떠나오기 전 마지막 환송 예배에서 엄마가 울던 모습이다. 그때 엄마는 눈물을 흘리느라 찬송을 부르지 못했다. 나는 눈물로 눈이 빨갛게 부어오른 엄마를 흘깃 옆으로 보며 "울긴 왜 울어요?"라고 했다. 80년대 초만 해도 한국과 미국은 먼 나라였다. 비행기를 타는 일도 쉽지 않았고, 미국 비자를 받는 것도 하늘의 별 따기여서 해외여행이 자유롭지 못한 시절이었다. 딸을 멀리 보내는 엄마의 마음은 찢어졌을 것이다. 딸을 먼 곳에 보내고 어찌 살아갈까 했을 것이다. 그날 엄마는 속으로 오열을 한 것이다. 지금 와 생각해 보니 내 최고의 불효는 부모를 떠나서 이 먼 미국에 와 산 것이 아닌가 한다. 부모님이 아파도 국 한 번 끓여주지 못했고 돌아가시는 순간도 지켜보지 못한 것이 불효도 보통 불효가 아니다.

근래 들어 딸이 조용하다. 크리스마스에 다녀간 지 채 두 달이 지나지 않았는데도 오래 못 본 것 같다. 먼저 전화를 하고 싶어도 운전하는 중이 아닐까, 강의하는 중은 아닐까, 아이를 재우는 중이 아닐까, 망설이게 된다. 딸도 나처럼 부모와 떨어져 사는 외로움과 그리움에 사로잡힌 것은 아닐까? 결혼하고 5년이 되었으니 쓸쓸함을 자각할 때도 되었다. 지금쯤 나처럼 '뭐 그리 대단히 잘 살겠다고 부모 형제 떨어져 정 반대쪽 서부에 와서 사는 걸까?'라고 생각하기 시작했을지도 모른다. 내가 부모님과 멀리 떨어져 사는 것이 불효라고 생각하기 시작한 것이 내 나이 오십부터이었으니 딸이 아직은 그런 생각을 하기에는 이른 나이이기는 하다. 아니다. 딸은 나보다 항상 어른스럽고 독립적이었다. 나와 같은 생각은 벌써 해 보았을 것이다. 지금쯤 딸도 나처럼 인생은 어차피 혼자 헤쳐 나가는 것이라며 씩씩한 두 팔뚝에 한 아이씩 안고 이를 악물며 쌀을 씻고 있을지도 모른다.

발뒤꿈치를 따라서

내가 미국까지 가져온 엄마의 유품 중 누구도 이해하지 못할 유품이 하나 있다. 엄마가 발뒤꿈치 굳은살 제거할 때 사용했던 현무암 검고 작은 돌이다. 현무암 각질 제거용 돌은 나에게 가장 쓸모 있고 소중한 유품이다. 엄마의 발뒤꿈치를 부드럽게 소지해 주었던 돌이 이제는 나의 발뒤꿈치를 지워주고 있다. 값으로 따지면 보잘것없는 현무암 돌이 더없이 소중한 물품이 된 것은 엄마가 쓰던 물건이고 이야기가 있기 때문이다. 살아생전 엄마의 발뒤꿈치에는 굳은살이 많지 않았다. 그러나 엄마의 욕실에는 언제나 작은 현무암 돌이 한 귀퉁이에 놓여 있었다. 나 역시 발뒤꿈치에 굳은살이 없는 편이라 그 돌에 대하여 이해하는 데는 시간이 걸렸다. 나이가 들면서 이제 나는 엄마가 왜 그 손바닥보다 작고 검은 돌을 욕실에 놓고 썼는지 알게 되었다. 나이가 들면서 건조해진 발바닥 때문일 것이다. 발바닥이 피곤한 날 현무암 검은 돌을 메마른 발에 문지르면 박하 향처럼 새살이 돋는 것 같은 기분이다. 피곤이 사라지고 한층 청결한 느낌이 들어 산뜻하다. 엄마가 남긴 현무암 작은 돌을 유품으로 가져온 것은 제일 잘한 일 중 하나다.

 수세미 열매처럼 구멍 숭숭 패인 돌이 시커멓게 탄 엄마의 가슴을 닮았다. 돌은 패였지만 뚫리지 않았다. 용암이 분출되면서 공기를 머금고 있다가 공기가 빠져나가기도 전 돌로 굳어버린 것이라고 하는데 전쟁통에 아버지를 만나 자식 넷을 낳아 키워야 했으니 돌처럼 살아야 했을 것이다. 단단하게 마음먹지 않았으면 그 어려운 시기에 자식 넷을 어찌 돌보고 키울 수 있었을까?

 엄마가 발뒤꿈치를 지우던 돌로 나의 발뒤꿈치를 지우며 산다. 청결해지고 싶은 날이나 새로운 각오가 필요한 날이면 엄마가 쓰던 현무암 검은 돌로 지친 발바닥을 새살이 될 때까지 닦는다. 엄마의 발뒤꿈치도 못 따라가겠지만 닦고 또 닦아 정결한 발로 일어나 걸으리라.

다섯 그루의 나무

 '한 배 속에서 난 자식들이 어쩜 그리 다른가'라는 말을 흔히 들으며 살았다. 같은 부모를 둔 형제들에게서 태어난 자식들이 각양각색이란 말이다. 아들 가정과 딸 가정에서 낳은 아이들이 모두 다섯인데 생김도 성품도 모두 다르다. 같은 조부를 둔 사촌지간이지만 비슷한 곳이라고는 한 군데도 없다. 손주 다섯이 제각각 알록달록 울퉁불퉁이다. 사람들이 나더러 부자라고 한다. 친손주 셋에 외손주 둘이니 부자도 보통 부자인가? 5인 5색, 하나같이 다르고 하나같이 개성이 있어 조물주의 창조 능력에 매번 놀라움을 금치 못한다.

 아들에게서 난 첫 손주 올리비아는 초여름에 피는 흰 데이지꽃을 닮았다. 총명하고 감성이 섬세하여 작은 일에 아파하고 작은 일에 기뻐한다. 그 말은 상대방에게 세심하고 자상하게 대해 준다는 말과 같다. 집에 무엇이 어디에 있는지를 훤히 꿰고 있어 남편과 나는 첫 손녀 올리비아를 집사라고 부른다. 기억력이 뛰어나 한 번 얘기해 준 것은 잊는 법이 없다. 첫 손녀 올리비아를 얻었을 때 '첫'이라는 말이 주는 설레임이 대단했다. 올리비아가 처음 세상에 나왔을 때 남편과 나는 모든 일을 접고 아이에게 달려갔다. 갓 태어난 핏덩이 같은 아이를 가슴에 안았을 때 쿵쾅거리던 심장, 세상은 핑크빛 떨림이었다. 나보다 축복받은 사람은 없는 것 같았다. 복숭아 꽃잎처럼 보드라운 살결과 연둣빛 여린 뼈들이 내 앞에서 꼼지락거릴 때면 방안 그득 꽃향기가 나는 것 같았다. 첫 손녀는 생애 가장 큰 기쁨이다. 첫 손녀가 태어나고 한참 동안 나는 쇼핑을 가도 여자아이 옷만 눈에 들어왔다. 또래 아이들을 보아도 손녀가 보고 싶었다. 사람들은 올리비아가 나를 닮았다고 한다. 생김이 닮아서 그럴까? 올리비아를 보면 미소가 지어진다. 총명한 눈매와 카랑카랑한 목소리, 긴 눈썹에 눈을 살포시 내리깔고 피아노를 치는 모습이 나를 웃음 짓게 한다. 어쩌다 내가 예쁘게 치장하고 방문하면 동그란 눈을 크게 뜨고 "You look pretty." 라고 감탄해 주는 첫 손녀, 그럴 때면 나는 "할머니가 아름다우면 너도 아름다워"라고 농담을 한다. 올리비아와 나는 약속이나 한 듯 웃는다. 벚꽃이 흐드러지게 떨어지는 날 아들 집 동네 공원을 산책하며 봄바람에 기저귀를 갈아주었던 첫 손녀, 메그놀리아 꽃잎이 어린 두 뺨 위에 떨어지면 간지럼 태운 듯 까르르 웃던 첫 손녀 윤하가 벌써 중학생이 된다. 질풍노도 사춘기 시절은 또 어떻게 지나갈까?

둘째 손주 루카스는 올리비아의 남동생이다. 조용하면서도 수재적 면모가 엿보이는 아이다. 위로는 누나 아래로는 여동생이 있어 여성화되기 쉬운 위치임에도 남자로서의 에너지가 확연히 느껴지는 듬직한 아이다. 가족이 모이면 할아버지, 삼촌 할아버지, 아빠, 고모부 옆에 앉아서 남자들의 대화에 동참하고 싶어한다. 태권도 블랙벨트에 풋볼을 좋아하고 컴퓨터게임과 산수를 좋아하는 아이, 아들을 닮아서 약간은 쌀쌀한 인상이지만 여동생이나 사촌 동생 그리고 동물을 돌보는 것을 보면 섬세하고 따스한 아이다. 풋볼 경기에서 키 작은 동양 아이가 덩치 좋은 백인 아이들을 제치고 볼을 옆구리에 끼고 힘차게 달려 남편과 나의 혈압을 최대치로 끌어올렸던 손주다. 지난가을에 남편과 나는 뉴저지 풋볼 챔피온쉽 결승전에서 손자를 응원했다.

어찌나 소리를 지르며 응원했는지 목이 쉬어 집에 돌아왔다. 멀리서 던져오는 볼을 바람보다 먼저 낚아채어 내달리는 손주를 보며 나는 누가 물어보지도 않았는데 "He is my grandson"이라고 되풀이하여 외쳤다. 응원 온 사람들은 그런 내가 재미있었는지 박수와 함께 환호해 주었다. 스포츠와 공부에는 둘째가라면 서러운 루카스, 커 가면서 실패와 내리막길이 있어도 강인하게 자라주기만을 바란다. 루카스는 연날리기를 좋아한다. 파란 하늘에 연으로 그리는 그림은 열 살 난 아이가 아니다. 무한 자유롭고 광대하다. 하늘을 자유롭게 날아다니는 연처럼 높고 광대하게 자라날 수 있기를 바란다.

셋째 애나는 달처럼 동그란 얼굴을 가진 아이다. 인형 옷 단추처럼 작은 눈으로 웃음을 질 때면 귀여운 악동이 된다. 세 살이 될 동안 말을 하지 않았던 아이, 듣는 것은 이상이 없는데 몸과 표정으로만 표현을 해 아들과 며느리의 염려가 컸다. 나는 표정과 몸으로 하는 애나의 애교 있고 곰살스러운 모습을 보면 언젠가는 말을 할 것이라는 믿음이 생겼다. 마음속 따뜻한 말을 품고 있는 아이다.

아들 집에 방문할 때면 문 쪽에서 나를 지켜보고 있다가 전속력을 다해 달려와 내가 쓰러지도록 목을 꼭 끌어안고 내 뺨에 제 두 뺨을 부비는 천사. 이보다 더한 언어가 있을까? 애나는 말보다 사랑을 먼저 배운 아이다. 어느 날부터 말문이 트이기 시작하더니 이젠 누구도 그 애의 언어 구사력을 이길 수 없게 되었다. 할머니 할아버지에게 가장 많이 가장 자주 사랑을 표현해 주는 손녀, 애나는 나를 보면 언제나 "Could you play in the playroom with me?" 묻는다. 묻는 표정이 너무도 간절해 열일 제치고 놀이방에 들어가 놀아 준다. 할머니 할아버지와 노는 시간을 소중하게 생각하는 애나는 마음 살뜰한 손녀이다. 우윳빛 살결에 보름달 같이 동그란 얼굴, 웃을 때면 눈이 사라지면서 인형 같은 손으로 입을 가리며 웃는 모습이란…할머니를 독차지하고 싶어 하는 셋째 손주 애나는 나의 영원한 친구가 될 것 같은 예감이다.

넷째 브랜단은 딸에게서 낳은 첫 번째 외손주다. 한국 이름은 지권인데 우리는 그 아이를 한국 이름의 끝자 권을 닉네임처럼 권이라고 부른다. 권이가 태어났을 때 나는 두 달 정도 딸의 집에 기거했다. 딸은 전적으로 친정엄마인 나를 의지했다. 나 역시 아이를 낳고 키운 지 오래되어 기억이 가물가물했다. 권이는 태어나자부터 내 손으로 젖을 먹이고 내 손으로 목욕을 시켜 준 손주다. 눈이 유독 까맣고 큰 아이, 눈코입의 조화가 예사롭지 않아 나는 "이 다음에 여자를 조심해야 한다"고 지금도 말하곤 한다. 차분하면서도 고집이 엿보이는 외손주 권이는 대가족 속에서 많은 사랑을 받고 자란 사위를 닮아 사랑꾼이다. 권이의 놀라운 점은 어휘 능력과 소통 능력이다. "이 아이가 이다음에 커서 무엇이 될꼬?" 라고 말하며 권이를 한참 바라볼 때가 있다. 권이는 늘 책을 읽어달라고 한다. 책을 읽어 주기 시작하면 적어도 열 권은 읽어 줘야 마지못해 끝낸다. 스파이더맨과 소방관이 장래 희망인 권이는 케릭터 옷을 좋아하고 트럭을 좋아하고 비가 오면 우산에 장화를 신고 집 앞 물이 고인 곳에서 첨벙첨벙 물 튀기며 노는 놀이를 좋아한다. 놀이터에 가서도 낙엽이나 솔방울을 보면 주머니 가득 담아 온다. 딸과 사위의 모습이 반씩 섞여 있는 권이는 자신이 입고 싶은 옷을 골라 입고 등교한다. 작은 선택도 본인이 하고 싶어한다. 미안하거나 눈치 보지 않는다. 쑥쑥 혼자 잘 커 나갈 것 같은 손주다.

다섯 손가락인 제디는 딸의 둘째 아들이다. 영민한 눈매와 작은 코와 오목한 입술이 딸애를 쏘옥 빼닮았다. 둘째라 그런지 형과 부모와의 삼각구도를 알고 있다. 제디는 언제나 우리가 익숙한 옷을 입고 있다.

형이 입던 옷을 물려받아 우리 모두는 제디의 옷을 거의 기억하고 있다. 우리 가족은 제디가 앞으로 입을 옷도 미리 알고 있다. 제디에게 고마운 점은 형편을 알고 그것에 맞추어 잘 자라주고 있다는 점이다. 권이와 두 살 터울이니 둘 다 엄마의 손이 한창 필요할 나이인데 다행히 순하고 순둥순둥한 성품으로 태어나 딸이 조금 여유롭게 키울 수 있다. 낳으면 다 키우게 되어 있다는 말을 제디를 두고 하는 말 같다. 나는 딸이 제디를 낳았을 때도 딸 집에서 한 달간 함께 지냈다. 제디를 목욕시키는 시간은 내게 최고의 시간이었다. 제디의 보드라운 몸을 거즈에 엷은 거품을 내어 문질러주면 얼굴이 환하게 펴지며 편안한 미소를 짓던 아이, 제디와 나는 눈으로 말하고 눈으로 대답했다. 제디는 목욕을 좋아한다. 갓 태어나서는 갓난아이들이 많이 그렇듯 변을 보기 힘들어했다. 목욕을 시키면 속이 편해지는지 욕조 안에서 변을 볼 때가 종종 있었다. 제디의 똥은 반갑고 예뻤다. 더럽지 않았다. 변을 봐주어 오히려 고마웠다. 물속에 퍼질러 놓은 제디의 똥을 보고 딸과 나는 로또를 맞은 것처럼 환호를 질렀고 하이 화이브를 하기도 했다. 제디의 뺨에 입을 맞추면 제디는 세상에서 가장 맑은 웃음으로 화답한다. 웃음이 많은 아이, 손이 미치지 못해도 혼자 잘 움직이며 노는 아이, 안아 주면 펄쩍 뛰며 기뻐하는 아이, 나는 그런 제디가 딸의 어린 시절을 닮은 것 같아 무척이나 정이 간다.

우리 가족은 크리스마스가 되면 연중행사처럼 아들네 집에 모두 모여 며칠씩 함께 지낸다. 크리스마스트리 아래 손주에게 줄 선물들을 장식하고 다섯 아이들의 이름이 적힌 양말이 벽난로 위에 걸린다. 크리스마스 불빛 사이에 심은 다섯 그루의 나무들은 오인 오색 각기 다른 빛을 발한다. 크리스마스 아침이면 다섯 그루의 나무들은 위층 아래층을 뛰어다니며 논다. 각기 다른 손주들의 웃음소리를 들으면 밥을 먹지 않아도 배가 부르다. 이보다 값진 선물이 어디 있을까? 손주 다섯은 인생 후반에 심은 나무들이다. 오인 오색의 로토가 남편과 나를 부자로 만들었다. 세상이 푸르고 싱싱하다.

나를 있게 한 소설 속의 주인공

 나의 아버지를 생각하면 '고생을 많이 하신 분'이라는 생각이 제일 먼저 든다. 성공한 삶을 사신 분인데도 고생이라는 단어와 아버지를 떼어놓고 생각할 수 없는 것은 왜일까? 아버지는 일제 치하와 6.25 전쟁, 가난했던 격동기를 몸소 경험하고 이기신 분이다. 아버지의 손은 힘든 시간을 말해주듯 투박했고 손등 위에는 굵은 힘줄이 튀어나와 있다. 아버지는 살아온 이야기를 할 때면 신이 나셨다. 아버지에게는 고생이 고생이 아니었고 고생이 보람이었다. 아버지에게 고생은 희망이었다.

 아버지가 경험한 인생 역정은 우리를 소설 속으로 빠져들게 만들곤 했다. 아버지가 살아온 얘기를 들려줄 때면 암울했던 일제 강점기와 참혹했던 전쟁은 한 편의 소설이 되었고 아버지는 소설 속의 빛나는 주인공이 되어 있었다.

한학자 집안의 막내로 태어난 아버지는 어머니를 일찍 여의고 형수 손에서 자랐다. 어린 시절 서당 훈장님이었던 큰형님께 한학을 배웠고 사춘기 시절에는 교회 장로였던 외삼촌에게 기독교를 전파받아 아버지는 어린 나이부터 종교에 심취했다. 청년 시절에는 공산당이 교회를 불태울까 밤새 교회를 지켰다. 어느 날 교회 목사님의 순교를 목격한 아버지는 기독교를 핍박하는 공산당이 싫어 피난길에 올랐다. 아버지가 들려주는 그 무렵 소설 속의 주인공은 열정적이고 순전한 홍길동 같았다.

성경 하나만 손에 쥐고 피난길에 올라 죽을 고비를 여러 번 넘겼지만 그때마다 구원투수는 총이 아닌 성경책이었다. 아버지가 들려주던 소설 속 그 장면에서 주인공은 내가 여지껏도 보지 못한 투철한 신앙 청년이다. 조카 둘을 데리고 부산으로 피난 내려간 주인공은 물장수를 하며 큰형수가 자신을 키워주었듯이 조카 둘을 키우고 공부를 시켰다. 아버지는 유쾌하면서도 헌신적인 돌쇠 가장이었다. 결혼 후에도 고생은 계속되었고 어떤 날은 지게를 지고 흙을 나르다 넘어져 얼굴에 피가 범벅이 되어 집에 들어왔다. 피난 시절 양말 장사를 하다가 양말 전부를 빼앗긴 적도 있었다. 그러나 소설 속 주인공인 아버지는 쓰러져도 다시 일어나는 오뚜기 인생이었다.

서울로 올라온 아버지와 어머니는 벌판 위에 집을 지었는데 천장이 완성되기도 전 내가 태어났다고 한다. 갓난아기를 가운데 누이고 하늘의 별을 이불 삼아 잤으리라. 바람 소리를 자장가로 들으면서 손과 손을 맞잡고 잠이 들었으리라. 나의 부모님은 유난히 정이 두터운 분들이었다. 아버지는 그 시대의 가부장적 남편이 아닌 자상하고 따뜻한 분이었다. 아내 사랑도 남달라 추운 겨울이면 일에서 돌아와 자식 넷의 청바지를 어머니와 함께 빨아서 짜 주시곤 했다.

우리는 부모님이 서로 사랑하고 협력하며 세상을 이겨내는 모습을 보며 자랐다. 그런지 형제 넷 모두 살아가는 방법을 안다. 어머니는 세상에 부러울 것이 없다고 늘 말했다. 아버지는 선량하고 사랑이 깊은 분이지만 성공해서도 돈을 함부로 쓰지 않는 분이었다. 그러나 불쌍한 이웃을 돕는 데는 맨 앞자리였다. 빚을 받으러 갔다가도 아이들과 함께 밥을 굶고 있는 모습을 보며 주머니의 돈을 털어 오히려 쌀을 사 주고 집으로 돌아오셨던 아버지, 소설 속 주인공은 지금도 나에게 의롭고 정스럽다.

  아버지의 인생 이야기는 지금도 끝나지 않았다. 아버지의 삶은 현실과 이상의 아이러니에 뜨거운 연민까지 느끼게 해주는 소설이고 장르는 눈물이다. 살면서 아버지가 들려준 소설을 되풀이해 읽으리라. 자식들에게는 고생만 하신 아버지이지만 아버지는 단 한순간도 고생을 말하지 않았다. 모두가 감사이고 승리였고 섬김이었다. 오늘도 소설 속의 주인공은 가슴에 살아 지친 나를 채찍질하고 눈물 흘리는 나를 일으켜 세워준다.

4부

슬로우모션으로 꽃을 읽다

외로움을 찾습니다

혼자인 것을 당연한 사실로 받아들이는 시대에는 고독 불감증 환자가 넘쳐난다. 사람을 기대하는 것도, 사람을 기다리는 것도 바라지 않는 것이 병의 증세다. 불통의 아픔과 외로움을 거부하기까지 얼마나 깨지고 찢어졌던 것일까? 그리움과 기다림의 결과가 실망이라는 것을 오랜 반복을 통해 익힌 것이다. 그럴 때면 입술을 깨물며 마음속에 단단한 돌 하나씩 쌓아 올렸을 것이다. 단단한 돌이 쌓이면서 밖이 보이지 않게 되었을 것이다. 형제가 보이지 않고 동료가 보이지 않고 이웃들이 보이지 않게 되었을 것이다.

환자가 되기 전 가족을 보려고 친구를 보려고 목을 길게 빼고 기웃거리기도 했을 것이다. 그때 뒤에서 묵직한 망치가 냅다! 뒤통수를 후려쳤을 것이다. 믿었던 이들의 배반에 피 흘리며 며칠씩 밥을 굶은 적도 있었을 것이다. 가까스로 털고 일어나면 또다시 누군가 뒤통수를 후려쳐 쓰러트렸을 것이다. 아무리 맞아도 아픔을 느끼지 못하게 심장에 굳은 살이 박였을 것이다. 눈물이 말라 차라리 외로운 것이 낫다고 믿기 시작했을 것이다.

혼자 밥 먹고 혼자 술을 마시고 혼자 즐기는 세상에서는 눈치 볼 이유도 없고 상처받을 일도 없다. 누구의 간섭도 받지 않고 내 맘대로 살 수 있다. 누군가 외롭지 않으냐고 물으면 함께 먹는 밥이 더 외롭고 뼈저리도록 쓸쓸하다고 대답한다. 우리는 어디로 가고 있는 것일까?

'혼자여서 힘들다'가 아니라 '혼자라서 좋다'라고 말하는 그대에게 묻는다. 그대는 외로움을 찾는 자인가? 외로움에 익숙해져 외로운 것이 편한 것인가? 혼자일 때 왜 세상은 고요해지는 걸까? 혼자 사는 사람들은 AI와 대화하던지 혼잣말을 한다고 한다. 혼자 묻고 혼자 대답해도 외롭지 않다고 한다. 죽을 때까지 외로움의 분량을 가지고 사는 것이 어차피 인생이라며 외로움에 무뎌져 가는 사람들. 외로움에 마비된 그대에게 나는 왜 외로움을 찾아주고 싶은 것일까?

외로움의 퇴화가 슬프다. 물질문명과 이기적 삶은 고독을 마모시켰다. 외로움을 잠식시킨 자리에 철심까지 박아놓고 변해가는 사람들은 말한다. 외로울 때 주위를 돌아보아도 사람이 없다고. 손 내밀어도 손 잡아주는 이가 없다고. 그대는 고독할 때 밤하늘의 별을 보면서 고향에 두고 온 어머니를 떠올린 적이 있는가? 시대여, 내게서 외로움을 빼앗아 가지 말아 다오. 가장 마지막 남은 본능이 외로움이니 밑바닥에 남은 외로움을 소진시키지 말아 다오.

진정한 외로움은 가족을 찾고 친구를 부르고 이웃집 창을 두드린다. 고독 불감증이 악화되기 전, 그대의 희로애락의 장기가 망가져 버리기 전, 홀로 된 심장에게 말을 건다. 외로움을 찾는 자는 깜깜한 밤하늘의 별을 셀 수 있으리니 바람이 할퀴고 간 자리에 피어난 꽃을 볼 수 있으리니 고독이 지나간 자리가 환하다.

틈이라는 은유

 말채나무 가지 위에 민들레가 피었다. 원가지와 곁가지 사이 벌어진 공간을 비집고 잡풀이 올라온 것이다. 뿌리 깊고 질긴 안질방이 잡초가 어쩌다 나뭇가지 위에 올라가 집을 지었을까? 사다리를 놓고 들여다보니 핀 자리 아래 한 줌 흙이 보인다. 가지와 곁가지 사이 벌어진 틈에 바람이 흙을 데려오고 씨앗을 얹은 것이다. 가지 사이 깊게 파인 골 위에 잎이 떨어지고 잎이 부서져 흙이 되고 흙 위에 씨앗이 날아와 풀꽃을 피웠을 것이다. 자리를 내어 준 것은 바람이고 초록을 틔우게 한 것은 시간이다. 틈 하나 단단히 비집으면 저렇듯 높은 곳에도 집을 얻을 수 있다.

 틈은 이치이다. 관계의 징검다리다. 가교이고 생명이고 전복이다. 틈은 때로 무기보다 무섭다. 한 번 벌어지면 일그러지거나 부서진다. 사람에 따라서는 절대 도구가 되기도 한다. 채석장의 쓸모없는 돌덩이에서 천사를 탄생시킨 미켈란젤로처럼 틈은 창조의 시작이고 화해의 실마리이다.

틈을 다스릴 줄 아는 자는 순응하는 자다. 한 줌도 안 되는 흙을 딛고 말채나무 가지 위에 집을 지은 민들레를 보라. 순하게 틈을 정복했다. 나무의 상처를 전복시키고 집을 지은 잡초 풀 한 포기에 옷깃을 여미며 틈을 묵상한다.

'바늘로 찔러도 피 한 방울 나오지 않을 사람'이라는 말이 있다. 말의 의미가 칭찬만은 아니라는 것을 알게 된 것은 시간이 준 선물이다. 두 명 중 한 명은 완벽주의를 추구하는 시대다. 완벽함을 추구함이 탁월한 성취를 이루어내어 자아와 사회를 발전시키는데 원동력이 되기도 하지만 '하나라도 틈이 보이면 안 된다.'라는 강박증에 시달리다 좌절과 상심으로 만족감 없는 삶을 사는 사람들도 있다.

완벽한 것을 추구하며 살다가도 어느 날 문득 자동차 백미러로 쫓아오는 노을에 와락 울음이 터지는 것은 무슨 연유일까? 누가 찌를 새라 애써 방패를 만들고 갑옷으로 무장하고 살다 보니 단단해진 줄 알았는데 참고 살았을 뿐이라는 것을 그제야 깨닫는다. 소가죽보다 뻣뻣한 심장으로 빈틈없이 살아가면 그것이 성공인 줄 알았는데 툭- 터진 눈물둑이 틈의 존재를 일깨워 준다. 틈을 업신여기는 것은 외로움의 발로다. 살면서 맞닥뜨리는 균열은 무장한다고 없어지는 것이 아니다. 균열이 커지면 절망이 되기도 하지만 기회의 반전이 되기도 한다.

살아생전 어머니가 자주 했던 말이 생각난다. "사람은 어수룩한 데가 있어야 정이 가는 법이다."라는 말이다. 어머니는 늘 '정이 간다.'가 아닌 '정이 가는 법이다.'라고 말했다. '사람에게는 어느 정도 틈이 있어야 하고 그렇게 사는 것이 순리이다'라는 말이다. 어머니는 자식 넷을 키우면서 우리에게 '그렇게 어수룩해서야 어떻게 세상을 살아가겠느냐?'라는 말을 단 한 번도 하지 않았다. 자식들은 어수룩하다는 말이 어리숙해서 싫었는데 어머니는 깨진 틈이 있어야 빛이 들어온다고 했다. 돌아보면 이기적이고 고집스러운 삶이 아니라 나누고 품어주면서 넉넉한 삶을 살아가라는 어머니의 교훈이다.

오래된 석탑이 무너지지 않는 것도 틈 때문이다. 석탑에 틈이 없으면 바람에 깨지거나 주저앉는다. 틈이 있어야 튼튼한 탑이 된다는 말은 사람의 관계에서도 예외는 아니다. 관계는 틈이 있어야 무너지지 않는다. 무슨 거리가 있어야 싸움을 하다가도 화해를 할 것 아닌가? 틈이 없으면 용서할 기회도 없고 돌아볼 여지도 없다. 인간은 여지가 없을 때 전쟁을 일으킨다. 말미가 없을 때 증오하고 파괴하고 무너진다.

아트 전시회에 다녀온 적이 있다. 가장 인상적이었던 것은 금이 간 시멘트벽이나 틈이 벌어진 콘크리트 등 찢어진 것들을 소재로 한 작품이다. 작가는 세로로 길게 내려온 시멘트벽의 갈라진 금이 밧줄로 보였는지 차갑고 딱딱한 시멘트 건물을 탈출하는 스파이더맨을 그려 넣었다. 갈라지고 터진 균탁이 생명을 구해줄 밧줄로 탈바꿈된 것을 보면서 꿈꾸는 세상을 그려 보았다. 파괴적이고 불완전한 것만 떠오르는 틈을 전복시켜 작가는 또 다른 차원의 세상을 열어 보여 주었다. 가로로 터진 콘크리트 바닥이 어떤 사람의 눈에는 길이 될 수 있다. 그림 속에서 사람들이 낙타의 등에 짐을 싣고 가로로 길게 갈라진 틈이 길인 양 줄지어 걸어 나왔다. 갈라진 틈을 출발로 변신시킨 그림을 보면서 거꾸로 볼수록 똑바로 보이는 틈을 깨달았다.

마케팅 전략에는 틈새 공략이 있다. 대중적으로 알려지지 않은 특정 시장을 집중적으로 공략하는 전략으로 남들이 아직 모르는 좋은 낚시터에 낚싯바늘을 던지는 것과 같다. 빈틈을 공략한 차별화 전략이 성공한 사례는 많다. 틈이 창조의 시초가 될 수 있는 반증이다. 사람의 관계에도 틈새 공략이 필요하지 않을까? 벌어진 틈과 갈라짐은 선한 공략에 의해 평화롭게 전복될 수 있다.

 꽃이 피는 모습을 슬로우모션으로 본 적 있다. 봉오리 끝에 작은 틈을 만드는 것이 개화의 시작이다. 봉오리에 틈이 조금씩 벌어지는 것이 시작인데 틈이 생기면 단단한 봉오리는 균열을 향해 온 힘으로 몸을 밀어낸다. 젖 먹던 힘까지 모아 제 몸에 상처를 내는 것이다. 균열을 강하게 밀어낼수록 봉오리는 탐스럽게 만개한다. 씨가 되어서도 마찬가지다. 찢어짐으로 시작한 꽃은 한 계절을 풍성하게 장식하다가 계절이 바뀌면 다시 궁리를 시작한다. 눈보라에 휩쓸리면서도 꽃이었던 기억을 절대 잊지 않는다. 내쳐지고 쓸려 다니면서도 틈을 만나면 틈을 잡고 틈을 기다린다. 틈에 정착한 씨앗은 틈 속에서 틈을 모색한다. 봄을 기다리며 새로이 태어날 준비다. 틈이 어디 만질만질하고 부드럽기만 했을까? 바위틈처럼 어둡고 거친 틈도 있었을 것이다. 틈을 착하게 궁리하면 꽃을 피울 수 있다. 말채나무 가지 틈에 뿌리를 내린 잡초를 보아라. 높이 집을 지을 수 있다.

 물체에 균열이 생기는 것은 눈에 보이지 않을 정도로 미세한 부피나 온도 차이 때문이라고 한다. 사람도 마찬가지이다. 작은 오해와 이해관계로 틈이 벌어지고 사이가 멀어진다. 틈은 일종의 결핍이다. 그러나 결핍을 채워주고 부러진 관계를 이어주는 것 또한 틈이다. 틈은, 고마운 외나무다리다.

 바늘에 찔려도 피 한 방울 흘리지 않을 것 같은 사람들이 모여 사는 세상에서는 틈이 보이면 물어뜯긴다. 틈은 잘못을 인정하거나 먼저 손 내미는 사람에게 기회와 화해의 도구가 된다. 틈이라는 은유는 사람과 사람의 안과 밖을 넘나드는 아름다운 순환이다. 서로의 마음속에 걸어 들어가 다독여 줄 수 있는 유일한 실마리다.

 나무 틈새로 길이 보이는 봄이다.

잘나가는 당신에게

내가 잘나가면 상대방을 얕잡아 보는 것이 인간이다. 타인을 향한 부정이 우리를 얼마나 피폐하게 만드는가? 그 몹쓸 병은 증세도 없고 자각도 없다. 태클도 걸 수 없다. 자멸할 때가 되어야 땅을 치고 후회하지만 이미 늦은 병이다. 우리를 혼탁하게 만드는 것이 남을 향한 부정이다. 혼자서 사는 세상이 아니지 않은가? 이상하게도 내가 커질수록 상대방이 보이지 않는 것이 인간이다. 잘나갈수록 사나워진다.

유행하는 K팝 중에는 '내가 제일 잘나가'라는 제목의 노래가 있다. '누가 봐도 내가 좀 죽여주잖아. 둘째가라면 이 몸이 서럽잖아. 넌 뒤를 따라오지만 난 앞만 보고 질주해. 네가 앉은 테이블 위를 뛰어다녀. 상관없어. 건드리면 감당 못 해. 뒤집어지기 전에 제발 누가 날 좀 말려. 어떤 비교도 난 거부해. 뭘 좀 아는 사람들은 다 알아봐. 아무나 잡고 물어봐 누가 제일 잘나가?'* 나는 이 노래 가사가 왜 이렇게 슬픈 것일까? 얼핏 보면 자신감에 넘치고 멋진 가사처럼 보이지만 이 자아도취적이고 위태로운 발상은 무엇이 원인일까?

우리는 내가 제일 잘나가야 직성이 풀린다. 옆은 없고 앞만 있다. 테이블 위를 마음대로 헤집고 다녀도 상관없다. 남의 의견은 중요치 않다. 건드리면 감당하지 못하는 일이 벌어질 것이라고 으름장까지 놓는다. 훈계한답시고 잘못 건드리면 뼈도 못 추린다. 구경꾼들은 자신에게 혹 어떤 일이 생길지도 몰라 외면한다.

유명 재벌 가족들의 갑질 행태를 매스컴을 통해 보았다. 종업원을 향해 삿대질과 따귀를 서슴지 않고 물건을 종업원의 얼굴에 내팽개치는 모습을 보며 기가 막히고 입이 다물어지지 않았다. 떳떳하게 일을 하고 노동의 대가를 받는 종업원에게 돈을 준다는 명분으로 함부로 대하는 것은 어디서 온 야만의 근성인가? 부자는 소시민들이 벌레처럼 대해도 되는 것인가? 일을 하고 대가를 받은 종업원들이 발톱의 때보다 못하게 보이는가?

어느 날 공자가 제자인 자공에게 물었다. "너와 안회 중에서 누가 더 낫다고 생각하느냐?" 비상한 머리에 천부적인 장사 기질과 뛰어난 정치 감각에 유려한 언변을 자랑하는 자공이 대답했다. "안회는 하나를 들으면 열을 알고, 저는 하나를 들으면 둘을 알 뿐인데 제가 어찌 감히 안회를 쳐다볼 수 있겠습니까?" 대답을 들은 공자는 말했다. "안회만 못하리라. 나도 너와 함께 안회만 못하리라." 공자와 자공의 대화를 곱씹어 볼 필요가 있다. 자공은 하나를 들으면 열을 아는 안회를 자신은 감히 쳐다볼 수도 없다고 말했다. 더 놀라운 것은 스승인 공자의 결론이다. 공자는 자신을 내리고 친구를 높여주는 자공에게 자신도 제자인 안회보다 못하다고 말한다. 자신을 작게 만들고 남을 인정해 주는 사람은 인정받을 자격이 있다. 남의 장점을 칭찬하기를 좋아하고 능력도 비범한 자공은 '중니(공자)보다 더 낫다.'라는 말을 듣는 자였다. 지혜와 덕의 아이콘이었다. 이 시대에 자공은 인정받는 자가 아니라 남을 인정해 주는 자다.

부모가 자식을 부정하고 이웃이 이웃을 부정하고 제자가 스승을 부정하는 시대이다. 많은 경우 다툼의 이유는 살펴보면 상대방을 인정해 주지 않는 데 있다. 자기를 높이는 자는 낮아질 것이고 자기를 낮추는 자는 높아질 것이라는 성경 말씀도 있다. 조심하라. 앞만 보고 질주하면 고꾸라진다.

나이 값

나이에는 값이 있다. 나이가 들면 나이다워야 한다. 세상 모든 것에는 값이 있다. 대가를 치러야 하는 것이다. 나이는 '먹는다'라고 말한다. '한 살 더 먹다(长了一岁)'라는 사자성어가 있다. '장长'은 장長으로 시간이 아닌 공간적 의미로 늙음(old)이 아니라 속이 깊어지고 넓어지는 숙성을 의미한다. 나이를 먹으면 나이를 먹은 만큼 깊어져야 한다는 말이다.

한국인들은 만나면 나이부터 묻고 나이에 따라 서열이 정해진다. 상대방과 비교해서 몇 살이라도 나이가 많으면 나이대접을 받고 싶어 한다. 나이로 시작해서 나이로 끝난다. 그것은 한국의 문화이지만 독한 '값'을 치러야 하는 일이다. 우리 민족은 예를 숭상하는 민족으로 예로부터 동방예의지국東方禮義之國이라 불리웠다. 경로사상敬老思想을 높이 여기는 한국인들은 나이 어린 사람을 대할 때면 대하는 면에 있어서는 소홀한 면이 있다. 상대적으로 어린 사람을 대할 때면 권한을 가진 것처럼 생각한다. 내가 아는 어떤 분은 선배가 후배의 아내한테까지 반말로 일관하다가 큰코다치는 것을 목격했다고 한다. 연장자를 대하는 것도 예의껏 대해야 하지만 한 살이라도 덜 먹은 사람들과 대화하는 것은 또 얼마나 조심스러운 일인가?

나이 지긋한 사람이 끼면 젊은 사람들은 대화를 하다가도 하나둘 사라진다. 연장자들을 대접해 주는 것이 부담스러울 수도 있다. 나보다 한 살이라도 적은 사람을 대하는 모습을 보면 인격을 알 수 있다. 연장자를 무시해도 안 되지만 연소자를 함부로 대하면 더욱 안 된다. 나이의 방정식은 상호 조심하고 존경하는 모습이다. 나이 하나로 관계를 좌지우지하고 나이 하나로 위에 군림하려고 하는 것은 나이를 발로 차는 사람이다. '나이를 먹으면 입술에 지퍼를 채우고 지갑은 열어라'라는 말도 있지 않은가?

미국인들은 나이에 자유롭다. 관계 속에서 나이를 초월하는 것은 나이의 값을 가볍게 해 준다. 한국 문화로 보면 기분이 상할 수 있지만 이십 대와 오십 대가 동등한 위치에서 대화를 하고 친구가 될 수 있다는 것이 얼마나 황홀한 일인가? 미국인들은 젊은 친구가 의견을 내도 버릇없다고 말하지 않는다. 한 살이라도 젊은 사람과 친구가 되는 것을 오히려 즐기고 고마워한다. 젊은 사람이 버릇없이 행동하면 '너, 몇 살이냐?'라고 묻는 한국인들과는 사뭇 다르다. 인간의 평등에 가치를 둔 때문이기도 하지만 나이에 맞는 행동과 기대치에서 벗어나고 싶은 실용주의적인 의식도 있을 것이다.

'나이 값을 해라'라는 말을 영어로 말하면 'Act your age'이다. 나이는 행동이다. 나이 값을 알아야 한다. 나이대접만 받고 값을 치르지 않는다면 외로워질 것이다. 나 역시 시니어이므로 말할 수 있다. 나이에 군림하지 말자. 저렴한 나이는 싫다.

목마와 숙녀 그리고 가을

가을이면 생각나는 시가 있다. 한 잔의 술을 마시고/우리는 버지니아 울프의 생애와/목마를 타고 떠난 숙녀의 옷자락을 이야기한다./… 가을만 오면 "목마는 주인을 버리고 그저 방울 소리만 남기고 가을 속으로 떠났다."라는 이 시가 왜 이토록 사랑스러운 것일까? 누가 이 시를 감상적이고 통속적이라 했나? 시가 입술을 맴돈다. 시 한 편으로 인해 계절이 적막해지고 적적해진다.

며칠 전 김용택 시인과 전화 통화를 했다. 시인에게 물었다. "선생님, 요즘 시가 난해해지고 길어지는데 어떤 시가 좋은 시일까요?" 시인의 답변은 간단했다. "마치 사랑하는 여자를 자꾸 보고 싶듯이, 한 번 보면 궁금해지고 또 보고 싶은 시, 볼수록 새로운 시가 좋은 시입니다." 난해한 시와 쉬운 시, 감상적인 시와 사유적인 시 사이에서 나는 고민한다. 자꾸 보고 싶고, 궁금해지고, 볼수록 새로운 시가 좋은 시라는 것은 명답이다. 할 말이 없다. 어떤 날은 몸시가 쓰고 싶고 어떤 날은 혼시가 쓰고 싶은 내게 자꾸 읽고 싶어지고 보고 싶어지는 시가 좋은 시라는 말은 명쾌하고 명징하다.

「목마와 숙녀」를 쓴 박인환 시인은 1950년대를 풍미했던 시인이다. 박인환 시인을 논하려면 김수영 시인을 빼놓을 수 없다. 박인환과 김수영은 벗이면서도 적이었다. 박인환 시인은 영화배우를 능가하는 외모에 낭만적이고 멋쟁이였던 반면, 김수영 시인은 의용군, 포로수용소에 수감, 아내의 배반 등으로 생과 사를 오가는 비루한 삶의 연속이었다. 김수영은 박인환이나 김춘수를 높이 평가해 주지 않았다. 자신만큼 바닥까지 내려간 삶을 살지 않았다는 생각 때문일 것이다. 시 세계에 있어서도 둘은 정반대였다. 박인환 시인을 향해 김수영 시인은 "나는 인환을 경멸하는 사람 중 하나다. 그처럼 재주가 없고, 그처럼 시인으로서의 소양이 없고, 그처럼 경박하고, 그처럼 값싼 유행의 숭배자는 없을 것이다."라고 독설을 퍼부었다. 그러나 막상 박인환 시인이 보이지 않으면 젖은 눈으로 먼 곳을 바라보며 "근데, 박인환이가…

왜 이렇게 보고 싶은 겁니까?"라고 했다. 둘 사이를 짐작할 수 있는 말이다.

박인환 시인은 왜 우리에게 몇몇 통속 시를 쓰고 요절한 시인으로만 알려져 있을까? 그의 몇몇 시는 유행가 노랫말로 쓰여 지금껏 우리 입에 오르내린다. 근래 들어 한국 문학계에서는 '김수영 안에서 박인환을 꺼내라'는 명제 아래 재조명이 시작되었다고 한다. 박인환과 김수영 그 둘 사이를 두고 어떤 평론가는 이렇게 말했다. 만약 생애가 바뀌어 박인환이 마흔여덟까지 살고 김수영이 서른한 살까지 살았다면 김수영의 독설을 박인환이 증언할 기회는 충분히 있었을 것이라고.

명품을 좋아하고 조니워커와 럭키스트라이크 담배를 좋아했던 박인환 시인, 후리후리한 키에 조각 같은 얼굴로 외상술을 먹으면서도 "꽃이 피면 갚을게 됐지?" 결코 미워할 수 없는 페시미즘인 그의 시는 곁에 남아 이 가을을 풍요롭게 해 준다. 가을이면 나는 전쟁과 허무 속에서도 낭만적인 시를 쓴 박인환 시인이 생각난다. 그의 말처럼 떠나든 죽든 그저 가슴에 남은 희미한 의식을 붙잡고 버지니아 울프의 서러운 이야기를 들을 수 있다면 충분한 가을이다. 그의 시처럼 인생은 외롭지도 않고 그저 잡지의 표지처럼 통속하거늘 한탄할 그 무엇이 무서워서 떠나겠는가? 이 가을, 이보다 더 진한 시는 없다.

뿌리에 넘어지다

 지인 한 분이 병원에 입원했다. 하산하는 중 넘어졌다는데 발목이 접질리며 코뼈가 부러졌다. 코뼈가 부러진 것도 문제이지만 넘어지면서 몸의 근육이 상해 한동안 치료에 전념해야 할 것 같다고 한다. 지인분이 등산한 산은 완만한 뒷동산 수준의 산이라고 하는데 어쩌다 다친 것일까? 물어보니 나무뿌리 때문이라고 했다. 산에서 내려오는 길에 나무의 잔뿌리들이 돌출된 곳을 만났는데 얇게 번진 뿌리를 가볍게 보고 지나다가 뿌리에 신발이 걸려 중심을 잃으면서 옆에 있는 돌에 부딪힌 모양이다. 사고의 현장을 설명하면서 지인은 "아무리 잔뿌리라고 해도 뿌리가 무섭다. 뿌리를 거스르면 다친다."라고 말했다. 산을 오르다가 흙 위에 나온 잔뿌리를 만나면 아무리 작은 것도 우습게 보면 큰코다친다고 주의를 주었다. 뿌리라는 것이 아무리 가늘어도 굵은 원뿌리와 연결되어 있어 힘이 황소라고 했다. 새끼 뿌리

무시하면 엄마 뿌리가 성난다고도 했다. 그러면서 지인은 뿌리의 속성만 잘 알고 있었어도 사고를 면했을 것이라며 뿌리에 대한 각별한 소견을 말해 주었다.

뿌리, 그것도 잔뿌리에 코뼈가 부러졌다니 섬뜩하다. 무시해서는 안 되는 것이 뿌리라는 사실이, 무시하면 다칠 수 있다는 것이 뿌리였다니 생각이 깊어진다. 작은 뿌리 하나가 건장한 어른 한 사람을 죽음으로 내몰 수도 있다고 한다. 뿌리를 거스르면 다친다는 말이 온종일 뇌리를 떠나지 않는다.

뿌리란 나무의 맨 밑동으로 땅속에 묻혀 수분과 양분을 빨아올리고 줄기를 지탱하는 것이다. 땅속 깊이 뻗는 속성이 있어 큰 나무일 경우에는 곁뿌리라 할지라도 쉽게 뽑히지 않을 정도로 단단하고 질기다. 뿌리가 깊게 박힌 나무는 원근과 곁뿌리가 얽히고설켜 웬만한 장수가 뽑아도 뽑히지 않는다. 내가 사는 미국에서는 나무를 제거할 때도 뿌리까지 없애는 것은 몇 배의 돈을 더 지불한다. 뿌리를 뽑아내는 일은 그만큼 힘든 일이다. 뿌리 없이 나무를 말할 수 없다. 뿌리를 거부하고는 숲도 말할 수 없다. 뿌리를 등한시하면

뿌리에 걸려 넘어질 수밖에 없는 것은 당연지사이다.

 부모를 무시하고 가족을 소중하게 생각하지 않는 것도 뿌리에 넘어질 일이다. 자식이 부모를 죽이고 부모가 자식을 학대했다는 뉴스를 접할 때마다 뿌리 없는 나무의 세상이 되어가고 있구나 싶었다. 뿌리 없는 나무는 몸을 지탱하지 못해 쓰러지기 마련이다. 뿌리는 정체성이고 유일성이다. 뿌리를 안다는 것은 근본을 안다는 말이므로 근본을 무시하는 자가 넘어질 수밖에 없는 것은 당연하다. 친지는 말했다. 작은 뿌리라 해도 뿌리를 무시하면 넘어진다고.

 부모를 잘 모시는 것이 인간사의 근본임에도 요즘 세상에는 부모를 가볍게 여기는 사람들이 많다. 어머니를 버린 자식 얘기도 쏠쏠하게 듣는다. 자식에게 버림받은 어떤 어머니가 자식에게 해가 될세라 자식이 없다고 한다는 말을 들으면 안타깝다. 하루 종일 밖을 맴돌다 집에 들어가면 왜 해지기 전에 들어왔느냐고 자식이 문을 열어주지 않는다는 부모도 있다고 한다. 뿌리에 걸려 넘어질 일이다. 뿌리를 소중하게 여긴다면 있을 수 없는 일이다.

뿌리를 거스르면 다친다는 말을 곱씹으며 알렉스 헤일리의 소설 『뿌리』를 떠올린다. 작가는 소설의 마지막을 자신이 몸소 고향인 감비아로 가서 조상의 이야기를 탐구하는 것으로 마무리한다. 뿌리를 찾는 것은 결국 조상의 삶을 들여다보고 연구하는 것이라는 것을 안 것이다. 뿌리를 모르고 어찌 나를 알 수 있겠는가? 근본을 하찮게 여겨서 쓰러지고 다친 사람 하나둘인가? 뿌리로 인해 모든 것을 잃은 사람도 있다. 뿌리 깊은 사람은 흔들리지 않는다. 뿌리는 본질이다. 뿌리를 모르면 제 발에 걸려 넘어진다.

뿌리가 깊은 잡초가 있다. 태생은 잡초이지만 뿌리 강한 양반풀이다. 톱니 모양의 잎과 노란 꽃은 뿌리와 강하게 유착되어 웬만해서는 죽지 않는다. 심지가 워낙 깊어 약을 뿌려도 죽지 않는다. 양반풀은 잔디를 망가뜨리는 원흉이라 뿌리째 뽑는 것이 가장 좋은 제거 법이다. 뿌리가 얼마나 세고 깊은지 뽑히면 중간이 잘려 나간다. 민들레라는 잡초도 뿌리가 1cm만 흙에 남아도 다시 살아나 잎을 틔우는 식물 중 하나이다. 비가 오면 잘린 뿌리에서 잎이 돋아난다. 호미로 흙을 파내려 가면 어른 손 한 뼘의 깊은 곳에 뿌리를 박고 있다. 뿌리 하나 믿고 겁도 없이 세상에 나온 민들레. 손톱보다 작은 잎 하나에 그토록 긴 뿌리가 있다는 것이 믿기지 않는다. 민들레가 약초로 쓰이는 것도 뿌리와 무관치 않을 것이다.

뿌리는 보이지 않는 땅속에 묻혀 있다. 뿌리가 땅속에서 버텨주기 때문에 나무가 있고 숲이 있다. 뿌리가 보이지 않는다고, 변변치 않다고 우습게 보면 큰코다친다.

겨울나무 한 그루 바람에 서 있다. 뿌리가 보내 온 편지를 읽으며 봄이 되리라.

겸손한 등단

 교회 임직식이 있었던 지난 주일 나는 단어 하나를 새롭게 배웠다. 아름다운 우리말의 참뜻을 깨우쳤다는 말이 정확할 것이다. 세상의 단어가 아닌 하늘의 언어, 단어 하나로 영혼이 풍성해졌으니 수확도 보통 수확이 아니다. 횡재였다.

 H 담임 목사님은 임직받는 이름을 한명 한명 호명하여 불렀다. 그리고는 이렇게 말했다. "호명받은 분들은 등단해 주시기 바랍니다." 나는 '등단'이라는 말에 속으로 웃으며 단에 올랐다. 왜 아니랴? 목사님은 자신 있는 음성으로 다시 말했다. "호명받은 분들은 모두 등단해 주시기 바랍니다".

 글을 쓰는 사람에게 등단이라는 단어는 공식적으로 문단에 데뷔했다는 말이다. 독자들과 눈을 맞추고 노래를 부를 자격을 얻었다는 뜻이기도 하다. 그 의미는 문인들에게 통용되는 한계적 문학 관례적 용어이다. 그러나 하나님은 나에게 '등단'이라는 단어를 재해석하여 주셨다. 오래 묵상하고 오래 아파하고 오래 성찰하게 해 주셨다.

나는 십여 년째 후배 문학인들을 양성하고 있다. 문하생들이 오랜 습작의 시간을 지나 등단하게 되면 꼭 하는 말이 있다. 무대에 올랐으니 이제 노래를 부를 시간이 온 것이라고. 독자들이 무대에 오른 그대가 어떤 노래를 부르는지 주목하는 시간이라고. 문단에서의 등단은 끝이 아닌 시작이라고. 완성이 아닌 완성을 위한 끝없고 외로운 몸부림이라고. 시인이란 이름은 남들이 불러주는 이름이다. 문인은 무엇보다 겸손해야 한다.

등단은 문단에서도 교회에서와 같은 의미이다. 무리 위에 군림하지 않으셨던 예수처럼 교회나 사회에서 푯대가 되는 일이 등단이다. 등단은 권세가 아니다. 자랑도 아니다. 예수님의 제자로 섬기면서 그의 노래처럼 살겠다는 약속이다. 프로 문인이 되기 위해 거쳐야 할 관문이 등단인 것처럼 임직은 그리스도인이 되기 위한 영혼의 데뷔이다. 글 쓰는 사람으로서의 등단도 마찬가지이다. 등단은 다 익은 것이 아니라 더 익혀야 하는 것이다. 겸손은 문학의 힘이다.

 그날 임직받은 자는 모두 단 위에 올랐다. 무대에 올랐으니 내려올 수 없는 일이다. 등단한 문인이 문단을 포기하거나 내려올 수 없는 것처럼 임직자들도 마찬가지이다. 글쟁이가 등단하면 좋은 글을 쓰고자 혼신을 기울여야 하는 것처럼 제단 앞에 등단한 그리스도인들은 몸짓 하나까지, 짧은 숨소리 하나까지, 깊게 고르고 예수님과 눈을 맞춰야 한다. 일평생 섬김을 일삼는 제자로 살아야 한다.

 등단을 축하한다.

완장, 그 참을 수 없는 가벼움

 누구에게나 올챙이 시절이 있다. 초년생으로 소리 한번 크게 내지 못하고 있는 듯 없는 듯 지내던 사람이 어느 날 갑자기 출세하면 의외의 면모를 보이기도 한다. 높은 사람 뒤만 따라다니던 정치 초년생이 출세하여 국회에서 호령하는 모습을 보면 나는 왜 웃음이 날까? 완장질하는 맛에 날뛰는 인간의 모습만큼 희화화된 코미디는 없다. 코미디 중 코미디다. 완장은 힘이 아니다. 성실과 책임의 상징이다. 완장을 무기로 휘두르다 거덜난 사람 많이 보았다. 그런 사람을 보면 통쾌한 것이 아니라 서글퍼진다.

 '완장'이란 단어를 사전에서 찾아보면 신분이나 지위를 나타내기 위해 팔에 두르는 표장이라고 쓰여 있다. 뜻을 설명하는 두 개의 예문은 이렇게 적혀 있다. 1) 완장을 두른 안내원은 호루라기를 휙휙 불고 있었다.(출처: 김원일,『노을

』) 2) 손가락으로 건드려도 넘어지게 생긴 허약한 녀석일지라도 반장 완장만 찼다 하면 백팔십도로 달라져서 으레 남들을 호령하는가 하면…(출처: 윤흥길,『완장』). 이 두 예화를 읽으며 나는 또 쿡, 웃음이 터졌다. 오, 참을 수 없는 가벼움이여, 완장만 차면 왜 달라지는가?

고위 공직자들의 악행이나 갑들의 횡포를 뉴스로 접할 때면 오래전에 읽은 윤흥길 소설가의『완장』이란 소설이 생각난다. 완장 하나로 달라지는 인간의 모습을 해학으로 풀어낸 그 소설이 나를 헛웃음 짓게도 하고 쓸쓸하게 만들기도 한다. 권력에 약한 인간을 고발한 소설이 더없이 묵직하다. 소설의 주인공 임종술이 나는 낯설지가 않다. 가까운 곳에서 왕왕 만나는 인물 같고 어제도 만나고 오늘도 만난 것 같은 인물처럼 느껴진다. 팔뚝에 완장 하나만 두르면 사람들은 왜 물불을 가리지 못하는 것일까? 비닐 완장 하나로 달라지는 인간은 도대체 얼마나 가벼운 존재란 말인가?

소설의 주인공 임종술은 어려서부터 떠돌면서 쌈질로 잔뼈가 굵은 사람이다. 노점상, 포장마차, 미군 부대 물건 빼

내어 파는 일 등 안 해 본 일이 없는 그는 사회의 약자로 살면서 경비와 방범에 쫓기고 살았다. 하던 일도 시원치 않아 하던 일을 접고 고향으로 돌아가 백수처럼 지내고 있었다. 어느 날 시골 농부였던 최 씨라는 사람이 땅 투기에서 큰돈을 벌면서 완장을 차게 된다. 큰돈을 번 최 씨가 저수지에 양어장을 만들게 되면서 동네 건달인 임종술에게 감독을 맡긴다. 여기서 그는 감춰 두고 살았던 인간의 모습을 보이기 시작한다. 노란 바탕에 파란 글씨로 새긴 '감시원'이라는 비닐 완장을 차고 세상을 호령하듯 안하무인으로 변한다. 그의 어머니는 아들이 완장을 차게 되자 좌익 완장 때문에 죽임을 당한 남편을 떠올리며 근심한다. 임종술은 날이 갈수록 기고만장해져 눈앞에 보이는 것들 위에 군림하기 시작한다. 그에 대한 고자질을 시작하겠다. 아니, 고발이다. 대상은 임종술 포함 우리 모두이다.

"글쎄 말예요. 완장을 차면서부터 그가 달라졌데요. 도시에서 낚시질하러 온 선남선녀들에게 이유 없이 기합도 주고 한밤에 몰래 저수지에서 물고기를 잡던 친구와 아들에게 폭력을 휘두르기도 했데요. 완장 맛을 알게 된 후론 자나 깨나 완장을 차고 다녔다네요. 읍내에 갈 때에도 완장을 두르고 술집 여자 부월이에게 작업을 걸 때도 완장을 찬 상태였데요. 비닐 완장을 차고 그가 사는 이곡리 일대를 휘젓고 다니면 주민들은 먼발치에서 그의 뒷모습을 겨냥하여 주먹으로 쑥덕감자를 먹이기도 하고 혓바닥을 날름 내밀어 보이기도 하며 조롱했데요. 동네 사람들이 자신을 우습게 생각하는지도 모르고 구름의자에라도 앉은 듯 거드름을 피우고 다니고요. 완장에 도취하면 눈에 보이는 게 없나 봐요? 위아래를 모르는 완장이 자신을 고용한 최사장의 일행에게까지 힘을 행사하라고 시켰겠지요. 그런데 하루아침에 감시원 자리에서 쫓겨나게 되었데요. 완장도 습관이 되나 봐요? 그는 해고 후에도 여전히 완장을 차고 다녔데요." "눈에 뵈는 완장은 기중 별 볼일 없는 하빠리들이나 차는 게여! 진짜배기 완장은 눈에 뵈지도 않어! 완장 차고 다니는 사장님이나 교수님 봤어? 권력 중에서도 아무 실속 없이 넘들이 흘린 뿌시레기나 주워 먹는 핫질 중에 핫질이 바로 완장인 게여!"

- 윤흥길 『완장』 부분

웃어도 된다. 속으로는 내 말인가 싶으면서도 겉으론 아닌 것처럼 웃어넘겨도 괜찮다. 불편한 진실이므로 소리 내어

인정할 필요까지는 없다. 완장, 참을 수 없는 가벼움이 세상을 조롱한다. 이상이다.

친구

 그녀가 세상을 떠났다. 그녀와의 인연은 이십여 년 전으로 거슬러 올라간다. 나는 그 시절 조그만 여자 옷 가게를 운영하고 있었다. 그녀는 우리 가게 단골손님이었다. 그녀는 우울증을 앓고 있었는데도 마음에 드는 옷이나 액세서리를 보면 보물이라도 발견한 듯 해맑은 미소를 띠었다. 그럴 때면 그녀의 환한 웃음이 앓고 있던 우울증과 대조되어 슬프면서도 조금은 희망적이었다.

 그녀는 남편 이야기를 곧잘 했다. 그녀와 남편은 하이스쿨 친구였는데 그녀의 말에 의하면 둘은 당시 학교를 뒤흔들 만큼 로맨틱한 사랑을 했다고 한다. 번듯하고 부유한 집안에서 자란 그녀의 남편은 밖과 파티를 좋아했다. 결혼 후 얼마 지나지 않아 시작된 남편의 외도는 그녀를 외로움 속으로 밀어 넣었다. 첫 아이를 낳은 날도 남편은 곁에 없었다. 사산한 아이를 안고 흐느끼면서 그녀는 남편과 헤어질 것을 결심했다고 했다.

내가 그녀를 만났을 때 그녀의 남편은 그녀와 가장 친한 친구와 동거하고 있었다. 그녀는 믿었던 남편과 친구의 배반으로 수심이 깊어 보였고 몸도 지나치게 말라 있었다. 이런저런 일로 힘들어하는 그녀를 보면 걱정이 되었다. 그녀는 정신과 치료를 받고 있었다. 그녀는 나를 친구라고 불렀다. 나에게 그녀는 단골손님이었을 뿐, 내가 한 일이 있다면 그녀의 이야기를 말없이 들어준 것뿐이었다. 그녀가 그런 나를 처음으로 친구라고 불러주는데 황송했다. 그런 나의 마음을 읽었는지 그녀는 자신의 부끄럽고 아픈 치부를 스스럼없이 말할 수 있는 자가 친구라며 나를 베스트 프렌드라고 했다.

가게를 폐업하고 나서도 그녀는 나에게 전화를 걸어왔다. 어떤 날은 남편이 돌아왔다고 호들갑을 떨었고 어떤 날은 남편이 다시 집을 나갔다고 울먹이며 전화를 해 왔다. 그러기를 몇 번 되풀이했을까? 그녀가 남편과 재회하여 다시 살기 시작했다고 소식을 전해왔다. 나는 밥 먹듯 외도하고 미안함도 없이 돌아온 남편을 받아준 그녀를 이해할 수 없었다. 그녀에게 왜 그런 남편을 받아주었냐고 물었다. 그녀의 대답은 간단했다. "Because he is my friend" 그것이 이유였다. 그리고 몇 년 후 친구가 지병으로 세상을 떠났다.

 장례식에 가 보니 그녀의 남편이 시신 옆에 앉아 있었다. 나는 조문을 마치고 그녀와의 인연을 남편에게 말했다. 그녀가 얼마나 남편을 사랑하고 기다리고 용서했는지 알려주었다. 그녀가 남편을 기다리며 얼마나 아파하고 외로워했는지 누구보다 잘 알고 있었기 때문이었다. 그녀의 남편도 그녀를 친구라고 불렀다. 미국인들은 서류상으로 이혼한 관계가 되면 친구라는 표현을 쓰기도 하는데 그래서 그런지 그녀의 남편은 그녀를 끝까지 친구라고 칭했다. 관 속에 누워있는 시신을 향해 친구라고 부르며 눈물을 뚝뚝 흘렸다.

 장례식이 끝난 다음에도 나는 '친구'라는 단어를 쉽게 떨쳐 버릴 수 없었다. 지금도 나는 친구에 대하여 뚜렷한 정의를 내리지 못했다. 세상 사람들이 친구라는 말을 너무 가볍게 생각하는 것은 아닐까? 사람들에게 친구는 더 이상 소중한 단어가 아닌 것 같다. 친구의 의미는 내가 생각한 것보다 광대한 영역이다. 우정이 사랑의 줄기인 것은 분명하다. 사랑은 쉽게 애증으로 변한다. 미움이 되기 쉽고 증오로 변하기도 십상이다. 친구라는 이름에 배반당하고 상처받은 사람들이 하나둘인가? 언제 등에 칼을 꽂을지 모르는 것이 친구일 수도 있다는 것을 우리는 삶의 시행착오를 통해 배웠다. 사전에는 친구를 '가깝고 정이 두터운 사람'이라고 적혀 있다. 피 한 방울 섞이지 않고서도 매 순간 함께 지내는 반쯤 가족이 된 관계가 친구다. 친구의 의미를 퇴색시킨 자 누군가?

지금도 나는 사랑을 번복하고 배반한 남편을 친구라고 부른 메리사를 종종 떠올린다. 메리사는 친구의 의미를 누구보다 깊이 이해하고 살다 간 여자다. 늙은 노부부를 보면 부부라기보다 친구 같아 보이는 것은 오랜 세월 가까이 지내며 벗이 된 것이다. 아버지와 아들이 친구처럼 보이는 부자지간도 있다. 예수님도 자신을 친구라고 하지 않았나?

친구는 오랜 시간 구워내도 타지 않는 파이 같은 것, 파이의 맛을 음미할 줄 아는 자만이 친구를 논할 자격이 있다.

뭉뚱그려 말할 때 나는 슬프다

 소위 잘나가는 한국 문인들을 만나면 묻는 말이 있다. "동포 문학을 어떻게 생각하십니까?"이다. 대부분의 문인들은 속시원히 풀어놓지 않는다. 언저리만 맴돌다가 화제를 바꾸는 분이 있는가 하면 흥미 없는 질문에 생각해 본 적 없는 듯이 난감해하는 문인도 있다. 뭉뚱그려 말하다 끝나는 것이 대부분이다. 그중에는 진정성 있게 답변해 주는 문인도 있다. 그러나 그 진정성이 구체적이지 않을 때 나는 슬프다.

 동포 문학은 변방 문학이다. 변두리 중에 상 변두리가 동포 문학이다. 동포 문학이 관심 밖인 이유가 동포 문학의 실력이 신통치 않아서는 아닐까? 나는 종종 자격지심에 시달린다. 낯설고 개성 있는 목소리를 내면 한국 문단은 동포 문학을 먼저 앞다투어 논할 것이다. 치열한 습작과 겸손으로 더 많이 넘어지고 일어나는 일만 남았다고 속으로 다짐한다.

 몇 해 전, 재외동포재단과 문체부 '문학 주간'이 공동으로 주체한 '재외동포문학상 스페셜' 공개방송이 있었다. 한국의 대학가 마로니에 공원에는 국내외 문학인들과 시민들로 북적였다. 나는 사회자이기 이전에 동포 문인의 한 사람으로서 깊이 있고 진정성 있는 토론을 이끌어 내고 싶은 욕심이 생겼다. 서울 한복판에서 동포 문학을 논할 수 있다는 것이 설레면서도 동포 문학의 현실을 진단할 수 있는 기회이기 때문이다. 신달자 시인은 동포 문학을 한 편 한 편이 한이고 눈물이라고 했다. 오정희 소설가는 동포들의 글 소재가 다양해졌다고 말했다. 박상우 소설가는 동포 청소년 작품을 통해 미래 문학의 가능성을 발견했다고 했다. 동포 문학에 대하여 일가견이 있는 작가들과의 토론은 동포 문학의 현재를 되짚어 보게 해 주었다. 나는 반대로 접근하고 싶었다. 디아스포라, 동포 작가들의 특별한 경험의 글들이 한국문학에 미치는 영향이 있느냐고 물었다. 대답은 글로벌 시대를 맞이하여 동포 문학이 고국 문학보다 새로운 가능성이 크다는 것과 해외 문단과 국내 문단의 교류가 한국문학을 풍요롭게 만들 것이라는 기대였다.

동포 문학인 중에는 문학상이나 등단 이후 작품세계를 이어가지 못하고 펜을 놓는 경우가 허다하다. 나는 그 점에 대하여 도움을 받고 싶어 물었다. 동포 작가들은 작품 발표 장소도 많지 않고 본국의 문예지에 글 한 편 내기도 쉽지 않은 형편인데 연결해 줄 방법이 없겠느냐고. 대답은 힘을 합해서 글을 꾸준히 쓸 수 있도록 도움을 주고자 노력하겠다는 말이다. 어떤 면에서는 수확이다. 눈에 띄게 해결해 주지 못해도 마음을 합해 신경 써 주겠다는 말이 해외에서 모국어로 글을 쓰는 동포 문인들에게는 얼마나 힘이 나고 위로가 되는 말인가?

문학은 혼자 걸어가는 길이라 믿어왔다. 동포 문인들에게 문학은 어떤 면에서 모래바람 부는 막막한 사막을 낙타의 무릎처럼 피 흘리며 터벅터벅 혼자 걸어가야 하는 일이다. 사유와 글은 누구도 대신해 줄 수 없으므로 혼자 고민하고 열병하는 것이 문학이라 나름 정의하고 살았다. 오해였다. 오만이었다. '문학은 사람이다'라는 말과 한 치의 어긋남도 없었다. 문학은 혼자가 아닌 함께 이루어 내는 것, 더불어 걸어가야 할 길이다. 시공간을 넘어 사유가 언어를 끌어내어 진중한 문제의식이 필요하다. 노마드(유목민) 정신, 낯선 문화와 경험의 포괄적인 시야의 경계인들은 더, 발칙해질 필요가 있다.

초청 공개방송이 끝난 후 나는 허탈감에 사로잡혀 며칠을 지냈다. 동포 문인들이 생각하는 동포 문학과 한국 문인들이 생각하는 동포 문학에 쓸쓸한 갭이 만져졌다. 뭉뚱그려 말할 때 나는 슬프다. 슬픔도 뭉뚱그리면 변하는 것인지 며칠 후 나는 넘어졌다가 일어나는 아이처럼 툭툭 털고 다시 일어나 일상으로 돌아갔다.

껍데기를 위한 건배

 남편이 벗어놓은 양말이 벗겨진 채 침대 아래 느슨하게 놓여 있다. 어디 하나 뭉쳐있거나 어디 한구석 구부러진 곳 없이 심층을 내보이며 길게 누워있다. 침대 위에서 자고 있는 남편의 얼굴에서 오늘은 나이가 느껴진다. 남편은 어제까지도 오늘처럼 늙어 보이지 않았다. 잠을 자면서도 잠꼬대인 양 가끔씩 입을 오물거리는 남편과 그가 벗어놓은 양말을 번갈아 바라본다. 달려올 길 다 달려온 발의 껍데기를 벗어던진 남편이 편안해 보인다. 남편보다 양말이 더 편해 보인다는 말이 맞을 수도 있다. 주군으로부터 벗어났으니 날아갈 것 같을 것이다. 양말이 발 쭉 뻗고 대자로 늘어져 있다. 놓임 받았다.

 남편에겐 한 가지 버릇이 있다. 별것 아니라면 별것이 아니지만 아내의 심정을 상하게 하기에 충분한 이유가 되는 습관이다. 양말을 벗을 때 양말 두 쪽을 돌돌 말아 빨래통에 던져놓는 남편의 버릇은 결혼 40년 내내 다툼의 이유가 되곤 했다. 처음 남편이 양말을 돌돌 말아 던졌을 때 나는 이상한 버릇도 있구나 싶었다. 남편은 침대에 앉아 양말을 벗었다. 벗은 양말 두 쪽을 하나로 동그랗게 뭉친 후 침대에 앉아 농구공처럼 빨래통을 향해 던졌다. 양말 공이 빨래통 안으로 골인하면 한 번으로 끝나지만 빗나가기라도 하면 공을 주워 몇 번이고 다시 던졌다. 방 안에서 양말 공을 던지는 남편의 얼굴에는 장난기 넘치는 재기발랄함까지 엿보였다. 여기까지는 엔터테인먼트라고 치자. 세탁기에 넣을 때 하나하나 풀어서 넣는 일은 그때부터 내 몫이 된다. 땀과 냄새로 절은 남편의 양말을 하나하나 풀어 세탁기에 넣을 때면 삶의 비듬이 우수수 떨어지는 것 같았다. 하루는 내가 남편에게 양말을 하나하나 따로 떼어 빨래통에 넣어달라고 부탁했다. 남편은 알았다고 하면서도 영 대수롭지 않은 표정이었다. 그의 버릇이 흠은 아니라고 해도 아내의 마음에 적잖게 배반감을 심어주었다.

십 년 이십 년 삼십 년의 결혼생활을 지나며 깨달은 것이 있다면 버릇은 고칠 수도 없고 고쳐서도 안 된다는 것이다. 한 마디로 꿈 깨라는 말이다. 충실하고 책임 있는 가장으로 살아주는 것도 고마울 노릇인데 반은 무의식적으로 반은 재미로 양말 꽁꽁 뭉쳐 공처럼 던지기를 이해하지 못할 일도 아니다. 말한다고 고쳐질 일도 아니다. 나는 양보했다. 아니다. 나 자신을 위해 포기했다. 아내의 단점도 이해해 줄 것을 기대하며 그렇게 사십 년을 살아왔다. 남편이 양말을 벗어던지는 버릇은 더 이상 싸움거리가 되지 않았다. 우리의 시간은 그렇게 가을 논두렁의 벼처럼 구순하게 익어갔다. 두 아이는 장성하여 각자의 가정을 꾸렸고 그것만은 이해할 수 없어 했던 것들은 모두 부질없는 것이 되었다. 늙고 오래된 사이는 철이 든 듯 뭉친 양말을 느슨하게 벗어 놓기까지 이르렀다.

남편이 벗어 놓은 양말을 보니 지난날이 떠올랐다. 달리는데 익숙하여 열이 펄펄 나는 발을 감싸안아 주던 허물이 서로의 몸을 기댄 채 벗겨져 있는 것을 보니 아픈 시간이 보였다. 양말은 더 이상 묶어주지 않아도 겹쳐주지 않아도 걸음을 기억하고 있다. 땀과 눈물과 시간을 씻어낸 껍데기는 시간 속에 느슨하게 걸터앉아 있다. 이제 뜨거운 발을 벗어 버린 껍질을 단단히 뭉치어 꿍쳐놓거나 멀리 던져 버리지 않아도 되어 고맙다. 환한 껍데기에 건배를 청한다.

오늘 지어야 할 집

 창밖의 별이 눈부시다. 낮의 허드레별을 닦아 세상의 빛나는 이마 위에 내려놓는 겨울밤, 오랜만에 혼자 있다. 선물 같은 시간이 오면 오래 등 돌린 나에게 말을 건다. 스피노자는 내일 지구가 멸망한다고 해도 사과나무를 심는다고 했다. 나는 내일 지구가 멸망하면 무슨 일을 할까? 내일을 위하여 사과나무를 심을 생각이나 할까? 사과나무는커녕 풀 포기 심을 여유를 갖지 못할 것이다. 이불을 뒤집어쓰고 다가올 내일을 생각하며 방구석에서 두려움에 떨고 있을지도 모른다. 두려운 나머지 내일이 오기도 전에 미리 눈을 감아 버릴 수도 있다. 바람이 파도 소리처럼 네게 밀려오는 밤, 오늘 하루는 어떠했나?

 많은 일들이 지나갔다. 부딪히고 깨지고 절망하고 손톱만 한 일에 분개하며 삶이라는 테두리 속에서 허둥지둥 살았다. 나에 관한 일은 크게 보였고 상대방의 일은 벌레보다 작게 느껴졌다. 누군가 나로 인해 엉키고 부서진 것은 생각할 여유가 없었다. 나를 부러뜨리고 넘어뜨린 자만 또렷하게 생각나니 이런 불공정이 어디 있나? 밤이면 별이 어둠을 비추어 주는 것은 하루가 가기 전 하루를 빛내 보라는 말일 것이다. 꽃을 보고 싶으면 흙에 돌부터 골라주는 것이 순서인 것처럼 창밖의 별은 아침을 선사하기 위해 오늘의 어둠을 닦고 있다.

히말라야 설산에는 밤이 되면 우는 새가 있다. 야명조夜鳴鳥다. 야명조는 하루 종일 히말라야 따스한 햇볕에 취해 놀다가 밤이 오면 집을 짓지 못한 것을 후회하며 운다. 눈 폭풍이 몰아치는 히말라야 산등성이에 날개를 접고 밤을 지내면서야 밤을 대비하지 못한 것을 후회하며 목에 피가 나도록 운다. 새의 울음소리가 히말라야 말로 '내일은 꼭 집을 지을 거야.'라는 말처럼 들린다고 한다. 아침이 오면 야명조는 또다시 어젯밤 일을 까마득하게 잊고 눈 녹은 산과 산을 꽃과 꽃 사이를 날아다니며 논다. 그러다가 밤이 오면 집을 짓지 못한 것을 어젯밤처럼 또 자책하며 통곡한다. 어려운 순간에는 반성하고 편한 시간이 오면 잊어버린다. 오늘이 내일의 힘이 되지 못하고 순간의 후회로 끝나는 야명조는 결국 히말라야 설산에 날개를 묻고 죽음을 맞는다.

안락할 때 어려운 시간을 대비하며 사는 일은 쉽지 않다. 오늘 하루를 돌아보며 사는 일도 쉽지 않은데 내일을 대비하며 사는 일은 더욱 힘든 일이다. 영어 단어로 지금 이 순간은 'Present'이다. 오늘 하루가 선물이라는 말이다. 오늘이 모여서 한 주가 되고 한 주가 모여서 일 년이 되고 일 년이 모여서 한 생이 된다. 선물 상자 여는 마음으로 하루하루 소중하게 보낸다면 미래의 주인이 될 것이다. 부자는 내일을 위해 오늘을 저축하는 자다. 하루가 미래의 밑거름이 된다면 얼마나 의식 있는 삶인가?

'어떻게 살 것인가?'라는 표제의 정신의학 세미나에 참석한 적이 있다. 인도자는 참석자들에게 '나는 어떤 삶을 살다가 간 사람이라고 불리우길 원하는가?'에 대하여 적어 보라고 했다. 죽음을 직접 체험을 하는 시간도 있었는데 참석자들은 실지로 관으로 들어가 눕는 체험을 했다. 관에 들어가면 관 위에 못을 박고 미리 쓴 '죽음 후에 나를 추모하는 글'을 읽어준다. 관 속에서 자신의 글을 듣는 사람들은 모두 눈물을 흘린다. 울음이 폭발해 관이 들썩거리기도 한다. 관에서 나온 사람들은 나를 위해 살겠다는 사람은 아무도 없다. 하나 같이 '이제부터는 남을 위해 살겠다'라고 결심한다.

 우리는 뜻을 세우고도 게을러진다. 해야 할 일을 알면서도 실천하지 못한다. 오늘 일을 내일로 미루는 일이 부지기수다. 시행착오를 거듭하면서도 이 순간을 탕진하는 이가 어디 히말라야 설산의 우조愚鳥뿐인가? 독일의 철학자 프리드리히 니체는 오늘 웃는 자가 최후에 웃는 자라고 했다. 최후의 웃음을 위하여 오늘을 닦아야 할 것이다.

 평생을 떠돌이 생활을 하다가 집으로 돌아간 이틀 후 죽음을 맞은 친척분이 있다. 가족을 부양해야 하는 이유로 평생을 이 나라 저 나라를 전전하며 살았던 분이다. 그는 죽음을 예감했는지 떠돌이 생활을 마감하고 죽음을 몇 달 앞두고 돌아왔다. 몸이 쇠약해서가 아니라 가족과 함께 살고 싶어서라고 했다. 아내가 해 주는 녹두전이 먹고 싶고, 자식과 손자들이 그리워서였다. 집으로 돌아온 얼마 후 그는 일어나지 못했다. 밤새 몸이 차갑게 식어 있었다. 그의 아내는 오늘이 마지막이 될지 누가 알았겠느냐며 가족을 위해 평생 떠돌이 생활을 하다가 돌아온 남편을 눈물로 떠나보냈다.

 오늘을 내버려두지는 않았는지 오늘을 멍들게 하지는 않았는지 돌아본다. 생의 가장 소중하고 진지한 하루가 오늘이다. 밤은 내일을 위해 어둠이 닳도록 별을 닦았다.

 오늘, 지어야 할 집이 있다.

아름다운 도둑님

김은자 산문집

지은이 김은자 **초판인쇄** 2025년 3월 26일 **초판발행** 2025년 4월 3일 **펴낸곳** 도서출판 상상인 **편집주간** 황정산 **펴낸이** 진혜진 **기획·마케팅** 전은빈 최유림 노혜림 정현수 **책임교정** 길상화 **편집** 세종PNP **등록번호** 제572-96-00959호 **등록일자** 2019년 6월 25일 **주소** 06621 서울시 서초구 서초대로74길 29, 904호 **전화번호** 02-747-1367, 010-7371-1871 **팩스** 02-747-1877 **전자우편** ssaangin@hanmail.net

ISBN 979-11-93093-87-0 (03810)

값 20,000원

* 이 책은 전부 또는 일부 내용을 재사용하려면 반드시 저작권자와 도서출판 상상인의 동의를 받아야 합니다
* 이 도서의 국립중앙도서관 출판시도서목록(CIP)은 서지정보유통지원시스템 홈페이지(http://seoji.nl.go.kr)와 국가자료공동목록시스템(http://www.nl.go.kr/kolisnet)에서 이용하실 수 있습니다.